CHARLOTTE CHARLAQUE

Die Deutsche Nationalbibliothek verzeichnet diese Publikation in der Deutschen Nationalbibliografie; detaillierte Daten sind im Internet über https://portal.dnb.de/ abrufbar.

Inh. Dr. Nora Pester
Haus des Buches
Gerichtsweg 28
04103 Leipzig
info@hentrichhentrich.de
http://www.hentrichhentrich.de

Korrektorat: Federico J. Antonelli
Umschlag: Gudrun Hommers
Gestaltung: Michaela Weber
Druck: Winterwork, Borsdorf

1. Auflage 2021

Printed in Germany
ISBN 978-3-95565-475-7

Raimund Wolfert

CHARLOTTE CHARLAQUE

Transfrau, Laienschauspielerin, „Königin der Brooklyn Heights Promenade"

HENTRICH & HENTRICH

Inhalt

Einleitung

Die deutsch-amerikanische Laienschauspielerin Charlotte Charlaque bediente sich in ihren späteren Jahren mehrerer Namen. Sie nannte sich Charlotte Curtis Charlaque, Charlotte oder Carlotta von Curtis, Baronin von Curtius und Ähnliches. Was sie dabei stets verschwieg: Ihr Familienname lautete eigentlich Scharlach. Offenbar wussten dies nach dem Zweiten Weltkrieg nicht einmal ihre engsten Freunde und Freundinnen. Ihnen war zwar nicht entgangen, dass „Curtis" lediglich ein Künstlername war. Sie nahmen aber an, ihre Freundin Lotte sei in dritter Ehe mit einem deutschen Dirigenten namens „von Curtius" verheiratet gewesen. Lottes Mädchenname war ihnen nicht bekannt. Geheiratet hatte Charlotte Charlaque aber nie. Ebenso wenig wie ihre amerikanischen Freunde, Freundinnen und Bekannten ihren familiären Hintergrund kannten, dürften sie geahnt haben, dass selbst ihr Vorname ein angenommener war. Denn als Charlotte geboren wurde, gingen ihre Eltern davon aus, dass sie ein Junge sei. Sie gaben ihr den Namen Curt.[1]

Nach eigenen Angaben wusste Charlotte Charlaque etwa ab ihrem siebten Lebensjahr, dass sie ein Mädchen bzw. eine Frau war.[2] Doch erst um 1930 konnte sie sich knapp vierzigjährig in Berlin den für sie notwendigen geschlechtsangleichenden Maßnahmen unterziehen. Damit gehört Charlotte Charlaque zu den allerersten Frauen, die „als Mann geboren" waren, bzw. zu den ersten „Männern, die zu Frauen wurden", wie es in der zeitgenössischen Presse hieß.

Bis heute ist die Materiallage zu Charlotte Charlaques Lebensweg bruchstückhaft und etwas verworren. Gleichwohl soll im Folgenden der Versuch unternommen werden, ihre Geschichte zu erzählen – auch wenn sie selbst dies zu ihren Lebzeiten vermutlich nie getan hätte. Erschwert wurden die Recherchen nicht nur durch den Umstand, dass sich Charlotte Charlaque zu unterschiedlichen Zeiten unterschiedlicher Namen bediente. Sie selbst war in Bezug auf ihren familiären Hintergrund, ihr persönliches Umfeld und ihren Lebensweg auch nicht immer konsistent. Die Gründe hierfür sind mannigfaltig: Im deutsch besetzten „Protektorat Böhmen" etwa musste es Charlotte Charlaque darum gehen, ihre jüdische Herkunft zu verschleiern. Wie später in den USA war ihr aber vor allem daran gelegen, die ursprünglich von den Eltern vorgenommene Zuordnung zum männlichen Geschlecht zu verbergen. Wenn Charlotte Charlaque dann in der Nachkriegszeit selbst über ihre „transvestitischen" und „transsexuellen" Freunde und Freundinnen falsche Angaben machte, dürfte dies in der Absicht erfolgt sein, auch deren Privatsphäre vor unerwünschten Einblicken zu schützen.[3]

Hinzu kommt ein weiteres, persönliches Moment. Anfang der 1950er Jahre entfachte der Fall der „blonden Schönheit" Christine Jorgensen (1926–1989), die vor ihrer Geschlechtsangleichung in der US-amerikanischen Armee gedient hatte, einen medialen Rummel ungeahnten Ausmaßes. Als der Arzt und Sexualreformer Harry Benjamin (1885–1986) Charlotte Charlaque um diese Zeit ermunterte, sie könne ähnlich wie Jorgensen ihre Lebensgeschichte an eine Zeitung oder Zeitschrift verkaufen, lehnte sie ab. Sie beteuerte, dies auch unter einem falschen Namen nicht tun zu können. Zwar behauptete Charlotte Charlaque selbstbewusst, sie sei wohl die Einzige, die die „Geschichte der Transsexualität" seit ihren Anfängen kenne. Aber sie erklärte auch, sie erfinde viel zu gerne Geschichten, als dass sie ihren eigenen Lebensweg angemessen erzählen könne: „Meine Gefühle würden mit mir durchgehen, und die ganze Sache würde ihren eigentlichen Sinn verlieren."[4]

In späteren Jahren erlebte sich Charlotte Charlaque als heterosexuelle Frau, die mit männlichen Geschlechtsorganen zur Welt gekommen war. Dass sie die ersten Jahrzehnte ihres Lebens offiziell und auch dem Auftreten nach als Junge bzw. Mann verbracht hatte und wohl nicht nur von ihren Familienangehörigen als ein solcher wahrgenommen wurde, war ein Tabu, das sie nur ungern ansprach. Das Reden hierüber hätte sie der Möglichkeit beraubt, ein befriedigendes und ungestörtes Leben als Frau zu führen. Spätestens ab 1933 aber scheint Charlotte Charlaque auch von Außenstehenden als dem weiblichen Geschlecht zugehörig empfunden worden zu sein. In einem in jenem Jahr produzierten österreichischen Aufklärungsfilm, in dem sie anonym auftrat, heißt es, sie falle im Vergleich mit anderen „schon in ihren Gesten als am meisten glaubhaftes weibliches Wesen“ auf.[5] Der schwedische Journalist Ragnar Ahlstedt (1901–1982) behauptete in einer gleichzeitig entstandenen Reportage, nach alten Fotografien zu urteilen, habe „Fräulein Lola“ sehr gut ausgesehen: „Ja, man kann getrost sagen, dass sie eine Schönheit war.“[6] Über die Wirkung Charlotte Charlaques auf ihre Zeitgenossen vor 1933 liegen nur wenige Angaben vor. Ihre Liebesbeziehungen waren offenbar unglücklich. Aber eins scheint sicher zu sein: Als vermeintlich „femininer Mann“, der Männer begehrte, fühlte sie sich in ihrer Haut nicht wohl.

Für den Berliner Arzt und Sexualwissenschaftler Magnus Hirschfeld (1868–1935) war aber Charlotte Charlaque alias Curt Scharlach zunächst genau dies:

ein „homosexueller Transvestit". Den Begriff „Transvestit" hatte Hirschfeld im Rahmen einer 1910 erschienenen Monografie geprägt.[7] Mit ihm bezeichnete er Männer und Frauen, die einen konstitutionell bedingten „heftigen" Drang verspürten, in der Kleidung des jeweils anderen Geschlechts zu leben, und die deshalb eine Art Doppelleben führten. Als maßgeblich betrachtete Hirschfeld dabei das „Körpergeschlecht" und verwendete bei männlichen Transvestiten, die sich als Frauen kleideten, das Pronomen „er". Das taten noch Anfang der 1930er Jahre tendenziell auch andere Mitarbeiter des Berliner Instituts für Sexualwissenschaft wie Ludwig Levy-Lenz (1889–1966) und Felix Abraham (1901–1937). Hirschfeld ging zunächst davon aus, der „sexuelle Betätigungsdrang" der Transvestiten richte sich in so gut wie allen Fällen auf das andere Körpergeschlecht. Im Falle von „transvestitischen Männern" nahm er folglich an, dass sie „Frauen" begehrten. Erst Jahre später gelangte er zu der Erkenntnis, dass sich unter den von ihm beobachteten Transvestiten etwa ein Drittel „Homosexuelle" befanden, das heißt körperlich erscheinende Männer, deren Sexualtrieb auf „Männer" ausgerichtet war.[8] Dies war offenbar der Fall bei Charlotte Charlaque, und er sollte es auch bei ihren engsten Freundinnen und Weggefährtinnen sein. Hirschfeld ging davon aus, eine „Heilung" des Triebs bei Transvestiten sei zwar unmöglich, doch empfahl er den Versuch einer psychotherapeutischen Behandlung. Im „Misserfolg" einer solchen Behandlung riet er dazu, die betreffenden Menschen „ihrem Trieb gemäss leben zu lassen, da sie nur dann von all ihren nervösen Beschwerden wie Arbeitsunfähigkeit, Angstzuständen usw. am besten und schnellsten befreit werden könnten."[9]

Charlotte Charlaque ging es nicht um einen „erotischen Verkleidungstrieb", wie es vermutlich viele ihrer Zeitgenossen und -genossinnen angenommen hätten. Sie war schon lange vor ihrer Geschlechtsangleichung um 1930 überzeugt, ihr „Kleidergeschlecht" sei ihr wahres Geschlecht. Den „Akt des Transvestierens" als solchen konnte sie zunächst nur als „Damendarsteller" in Bars und Varietés vollziehen, wobei ihre diesbezüglichen Darbietungen vermutlich gerade von dem Spannungsverhältnis zwischen Körper, Stimme, Bewegung und Kleidung – das heißt dem männlichen „Körper-" und dem weiblichen „Kleidergeschlecht" lebten. Zu einem nicht näher bekannten Zeitpunkt dürfte sie einen sogenannten Transvestitenschein erhalten haben, der es ihr erlaubte, auch in der Öffentlichkeit als Frau gekleidet aufzutreten. Nach den genitalchirurgischen Eingriffen bemühte sie sich um eine amtliche Namensänderung. Diese wurde ihr, bedingt

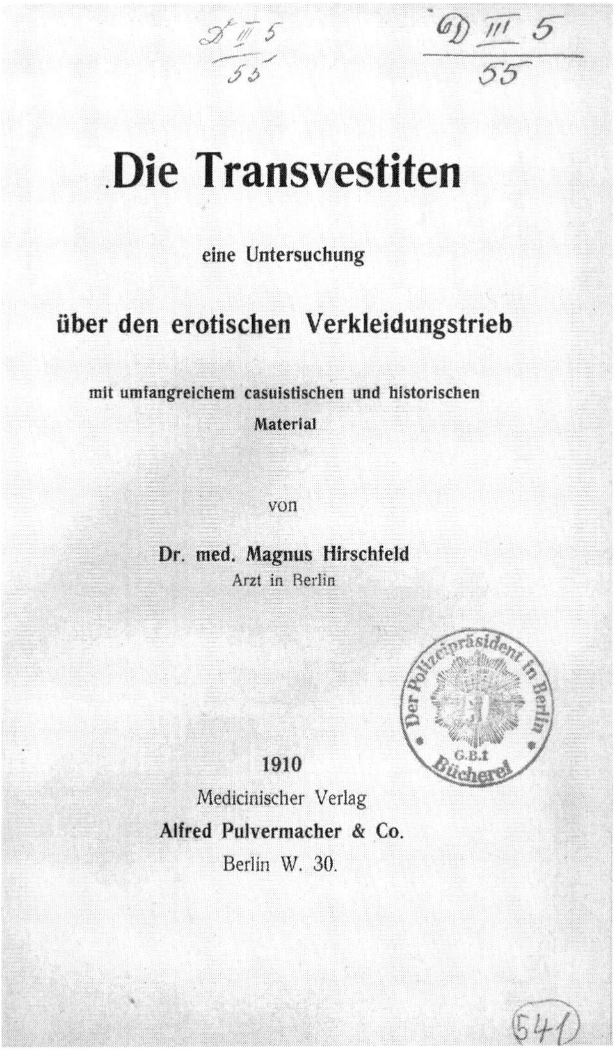

Die Transvestiten

eine Untersuchung

über den erotischen Verkleidungstrieb

mit umfangreichem casuistischen und historischen Material

von

Dr. med. Magnus Hirschfeld
Arzt in Berlin

1910
Medicinischer Verlag
Alfred Pulvermacher & Co.
Berlin W. 30.

Abb. 1: Magnus Hirschfelds *Die Transvestiten* mit dem Besitzstempel der Bücherei des Berliner Polizeipräsidiums

durch ihre Umzüge von Deutschland über die damalige Tschechoslowakei in die USA, aber erst Anfang der 1940er Jahre endgültig erteilt.

Der Begriff „Transsexualität" wurde erst nach dem Zweiten Weltkrieg von dem deutsch-amerikanischen Endokrinologen Harry Benjamin und seinem US-amerikanischen Kollegen, dem Psychiater David Oliver Cauldwell (1897–1957), als medizinische Kategorie kreiert. Transsexuelle waren demnach Menschen, „die körperlich dem einen und psychologisch dem anderen Geschlecht angehören".[10] Charlotte Charlaque dürfte sich zu diesem Zeitpunkt mit dem Konzept aber bereits nicht mehr identifiziert haben, da ihre Geschlechtsangleichung längst abgeschlossen war. Mitte der 1950er Jahre schrieb sie an Harry Benjamin: „Ich bin eine vollkommen gesunde und normale Frau. Mein einziger Fehler (nenne es Perversion) ist, dass ich viel zu sehr in junge und gutaussehende Burschen vernarrt bin. Mein ganzes Leben habe ich einen wahren Horror vor dem ‚behaarten Affen-Mann' gehabt."[11]

Ungeklärt ist bis heute, wie lange sich Charlotte Charlaque als Jüdin verstanden und bezeichnet hat. Offenbar fühlte sie sich bis mindestens 1933 der jüdischen Religionsgemeinschaft zugehörig, wovon nicht nur der Umstand zeugt, dass ihre Freundin und langjährige Lebensgefährtin Toni Ebel (1881–1961) noch um diese Zeit zum Judentum konvertierte. Bei ihrer gemeinsamen Flucht aus Deutschland nahmen die beiden Frauen Hilfe der Jüdischen Gemeinde in Berlin in Anspruch. Neun Jahre später sollte Charlotte Charlaque als Jüdin ins Ghetto Theresienstadt deportiert werden, und noch 1947 bezeichnete sie sich in einem Brief aus den USA an Toni Ebel als „Nichtarierin".[12] Ihren New Yorker Freunden und Freundinnen gegenüber behauptete Charlotte Charlaque nach dem Zweiten Weltkrieg, sie habe im von den Deutschen besetzten Prag einst auch zwei jüdische Schauspieler in ihrer Wohnung versteckt. „Die Deutschen", führte sie aus, „haben gesagt, dass sie einer amerikanischen Frau nichts tun würden. Ihnen ging es um die Männer. Für mich war es nicht gefährlich."[13]

Die Aussage ist insofern problematisch, als es für die Nazis unwesentlich war, ob Charlotte Charlaque als „Judenhelferin" jenseits ihrer Nationalität und Religionszugehörigkeit nun eine Frau oder ein Mann war. In der Aussage tritt unverkennbar die Absicht Charlaques zum Vorschein, ihre auch offiziell anerkannte Weiblichkeit unter Beweis zu stellen. Angemerkt werden kann, dass insbesondere frühe „transvestierende" Männer, die als Frauen leben wollten oder dies taten, nicht von allen Außenstehenden als Angehörige des weiblichen Geschlechts anerkannt wurden. Sie wurden gelegentlich als „Mannweiber“ oder „Männer in Weiberröcken“ verunglimpft. Dass Charlotte Charlaques Status als Frau in gewisser Weise noch lange prekär war, zeigt der Umstand, dass die amerikanischen Behörden ihr noch um 1942 die Ausstellung eines Passes auf einen weiblichen Namen verweigerten. Erst nachdem ein „wundervoller Mitarbeiter“ des Außenministeriums der Vereinigten Staaten sich ihres Falles angenommen hatte, so Charlotte Charlaque, stand ihrer Wiedereinbürgerung in den USA nichts mehr im Wege.[14]

Familiärer Hintergrund

Charlotte Charlaque alias Curt Scharlach wurde am 14. September 1892 in eine deutsch-jüdische Familie in Mährisch Schönberg (Šumperk) geboren. Schönberg, das 1918 Teil der neu gegründeten Tschechoslowakei wurde, war im 19. Jahrhundert ein Zentrum des aufstrebenden Leineweberhandwerks. Hier war 1842 die erste mechanische Leinenspinnerei Mährens in Betrieb genommen worden. Vermutlich waren es berufliche Gründe, die die Eltern Charlotte Charlaques um 1892 vorübergehend nach Mähren geführt hatten, denn längerfristig haben sie sich hier nie niedergelassen. Charlotte Charlaques Vater Edmund Scharlach (1857–1935) war in den Berliner Adressbüchern von Mitte der 1880er Jahre bis Anfang des 20. Jahrhunderts durchgängig als Kaufmann und Handelsvertreter für Textilien verzeichnet. Die Familie lebte zunächst in der Steglitzer Straße, dann in der Matthäikirchstraße, der Bülowstraße und schließlich in der Unterwasserstraße gegenüber der Spreeinsel. Edmund Scharlach muss um 1885 die Manufakturwarenhandlung der Gebrüder Felix und Rudolph Scholle in der nahe gelegenen Brüderstraße übernommen haben. Vor dem Umzug in die USA betrieb er sein Ladengeschäft zuletzt unter der Anschrift Königstraße 56–57 (heute

Rathausstraße). Charlotte Charlaque dürfte ihre frühe Kindheit folglich vor allem in Berlin verbracht haben.

Die Geschichte der Familie Scharlach führt in den norddeutschen Raum. Edmund Scharlach kam am 26. September 1857 in Hamburg zur Welt. Seine Eltern, der „Lotterie-Collecteur" Abraham Scharlach (1816–1895) und dessen Frau Zerline Scharlach geb. Goldschmidt (1830–1909), stammten aus Hannover bzw. Halberstadt. Offenbar waren sie schon um 1847, dem Jahr ihrer Hochzeit, nach Hamburg gezogen, denn das Paar hatte elf Kinder, von denen – soweit nachweisbar – alle in der Hansestadt geboren wurden. Edmund Scharlach heiratete am 4. Dezember 1884 die Berlinerin Jenny Adelheid May, eine Tochter des bereits verstorbenen Doktors der Philosophie Emanuel May und dessen Frau Emma geb. Sax. Mutter und Tochter wohnten damals zusammen in der Magdeburger Straße (heute Kluckstraße). Jenny May wurde am 25. Mai 1861 geboren, und wie ihr Ehemann Edmund Scharlach bekannte auch sie sich zur mosaischen Religion. Wenn Charlotte Charlaque um 1942 behauptete, ihr Vater sei ein orthodoxer Russe und ihre Mutter eine Französin römisch-katholischen Glaubensbekenntnisses aus dem Elsass gewesen, muss dies eine Schutzbehauptung gewesen sein.[15] Die Eltern hatten sich vermutlich in Berlin kennen gelernt. Hier kam am 1. Dezember 1885 auch Emanuel Hans Scharlach, der ältere Bruder Charlotte Charlaques, zur Welt.

Die Mehrzahl der Familienangehörigen Edmund Scharlachs zog bereits ab den späten 1860er Jahren in die USA. Die Eltern Abraham und Zerline Scharlach dürften ab Anfang der 1890er Jahre im „Land der unbegrenzten Möglichkeiten" gewohnt haben. Möglicherweise war aber ihr Sohn Jakob Gustav Scharlach (1863–1920) der erste in der Familie, der Deutschland verlassen und den Weg westwärts eingeschlagen hatte. Jakob Gustav, der sechs Jahre jünger als sein Bruder Edmund war und sich in der Textilindustrie betätigte, erreichte die USA von Hamburg kommend Ende 1880. Im Folgejahr wurde er amerikanischer Staatsbürger, und spätestens ab 1910 wohnte er zusammen mit seiner Frau und einer seiner Schwestern in San Francisco.

Edmund Scharlach tat es seinen Eltern und Geschwistern bald gleich. Im Sommer 1901 wanderte er von Deutschland in die USA aus.[16] Seine Frau und seine zwei Kinder folgten ihm im Jahr darauf. Wie sein Bruder Jakob Gustav arbeitete Edmund Scharlach in San Francisco zunächst als Handelsvertreter, später als Hutmacher, und möglicherweise betrieben die beiden Brüder eine gemeinsame Firma. Inwiefern die Familie Scharlach und ihre näheren Verwandten von dem verheerenden Erdbeben in Mitleidenschaft gezogen wurden, das 1906 San Francisco heimsuchte und bis heute als eine der schlimmsten Naturkatastrophen in der Geschichte der USA gilt, ist unbekannt. Merkwürdigerweise schweigen die erhaltenen Zeugnisse der „Familienerzählung“ zu diesem Ereignis. Durch das Beben und die von ihm ausgelösten nachfolgenden Brände kamen über 3000 Menschen ums Leben, Hunderttausende wurden obdachlos.

Edmund Scharlach wurde am 9. April 1909 amerikanischer Staatsbürger, doch ist unklar, ob dies auch für seine Familienangehörigen galt. Zumindest sein Sohn Hans, der zu diesem Zeitpunkt bereits 23 Jahre alt war, behielt die deutsche Staatsangehörigkeit bei. Die Ehe zwischen Edmund und Jenny Scharlach dürfte nicht glücklich gewesen sein. Denn Jenny Scharlach fuhr schon im November 1910 mit ihrem Erstgeborenen nach Deutschland zurück, wo Hans Scharlach ein Studium aufnehmen sollte. Edmund und Jenny Scharlach ließen sich am 13. März 1916 offiziell scheiden. Zu dieser Zeit lebte die 23-jährige Charlotte Charlaque alias Curt Scharlach in Chicago.

Edmund Scharlach heiratete bereits 1916 erneut. Zusammen mit seiner zweiten Frau Julia hatte er zwei gemeinsame Söhne, die 1917 und 1919 geboren wurden. Offenbar haben aber weder Hans Scharlach noch Charlotte Charlaque je Kontakt mit ihnen aufgenommen.

Julia Scharlach soll später behauptet haben, Jenny – die erste Frau ihres Ehemanns – sei um 1910 mit Samuel Sussmann (1844–1911) durchgebrannt und nach Europa zurückgekehrt.[17] Was hieran wahr ist, lässt sich heute nicht mehr ermitteln. Samuel Sussmann, der gebürtig aus dem fränkischen Maßbach unweit von Bad Kissingen stammte, war einer der drei Gründer von S & W, einer erfolgreichen amerikanischen Firma für Konservenlebensmittel. Wenn Jenny Scharlach und Samuel Sussmann um jene Zeit eine Liebesbeziehung verband, dürfte es sich um eine kurzfristige Affäre gehandelt haben, denn Sussmann starb bereits am 21. August 1911 in San Francisco.

Zu diesem Zeitpunkt lebte Jenny Scharlach nach wie vor in Deutschland, möglicherweise mit ihrem Sohn Hans zusammen. Sie litt jetzt unter erheblichen gesundheitlichen Beschwerden, und im Februar 1912 wurde sie in ihrer Heimatstadt Berlin von dem Königlichen Sanitätsrat Salomon Steinthal (1859–1927) gegen Diphtherie behandelt und zur Kur nach Wiesbaden geschickt. Ihr Sohn Hans reiste im Jahr darauf erneut in die USA. Jenny Scharlach wohnte bis Sommer 1915 in Wiesbaden, um dann als Reisebegleiterin und Pflegerin einer wohlhabenden Russin in die Schweiz zu ziehen.[18] 1917 hielt sich Jenny Scharlach im Kurhotel Guggithal am Zugersee südlich von Zürich auf, jetzt allerdings in Begleitung von Henry Sussmann. Bislang hat sich nicht ermitteln lassen, ob es sich bei ihm um einen Sohn oder einen Bruder von Samuel Sussmann handelte.

Hans Scharlach kehrte vermutlich kurz nach dem Ausbruch des Ersten Weltkriegs aus den USA nach Deutschland zurück. Er wurde zum Kriegsdienst eingezogen und am 13. April 1917 im Kriegsgefangenenlager auf der Isle of Man interniert. Belegt ist, dass er hier noch im Sommer 1918 wegen einer Mandelentzündung medizinisch versorgt wurde. Jenny Scharlach erklärte den Schweizer Behörden gegenüber, sie beabsichtige, nach dem Krieg nach Amerika zurückzukehren, immerhin wohne ja auch ihr Sohn Curt dort. Solange aber ihr Sohn Hans Kriegsgefangener sei, wolle sie in Europa bleiben.[19] Zu einer Rückkehr Jenny Scharlachs in die USA scheint es dann nicht mehr gekommen zu sein. Anfang der 1920er Jahre wohnte sie wieder in Berlin, fühlte sich jetzt aber so krank, dass sie ihren Ex-Mann telegrafisch bat, er möge Curt zu ihr nach Deutschland schicken. Jenny Scharlach starb am 14. Dezember 1927 im Alter von 66 Jahren in Wiesbaden. Sie wurde auf dem Jüdischen Friedhof in der Platter Straße beigesetzt.

Hans Scharlach, der in der Zwischenzeit eine Ausbildung zum Prokuristen absolviert hatte, gründete um

1922 zusammen mit dem gleichaltrigen Ernst Kempner (1886–1942) das Bankgeschäft Hans Scharlach & Co. Es residierte zunächst in der Berliner Tauentzienstraße unweit des Kurfürstendamms, anschließend in der Bellevuestraße (Tiergartenviertel). Privat wohnte Hans Scharlach um diese Zeit in der Knausstraße 17 in Grunewald. Die Geschäfte scheinen im Zuge der grassierenden Inflation aber nicht gut gelaufen zu sein, und schon 1924 mussten Scharlach und Kempner ihre Bank wieder aufgeben. Wovon Hans Scharlach im Folgenden sein Leben bestritt, ist nicht bekannt. 1928 trat er im Berliner Adressbuch noch einmal als Bankier auf, bevor es erneut still um ihn wurde. 1931 wohnte er in der Charlottenburger Hardenbergstraße und ab dem Folgejahr in der Mainzer Straße (Friedrichshain). Ob Charlotte Charlaques Bruder mit jenem Hans Scharlach identisch war, der nach 1933 in den beiden Filmen *Liebe geht – wohin sie will* und *Junges Blut* des Regisseurs und Schauspielers Kurt Skalden (1895–1975) mitwirkte, hat sich noch nicht klären lassen. Belegt ist, dass Hans Scharlach Europa Ende 1935 verließ. Im Dezember jenes Jahres flog er von New York nach Puerto Rico in der Karibik, wo sich seine Spuren verlieren.

Charlotte Charlaque selbst soll vermutlich noch in den USA zunächst eine Ausbildung zum „Violinisten“

absolviert haben.[20] Währenddessen will sie auch bei einem Professor namens Lamperta Gesang studiert haben.[21] Um 1917 zog sie dann von Chicago nach New York. Als sie Anfang der 1920er Jahre nach Deutschland zurückkehrte, dürfte sie vorübergehend bei ihrem Bruder Hans in Grunewald gewohnt haben. In ihrem Pass, am 9. Juni 1922 vom US-amerikanischen Konsulat in Berlin ausgestellt, hieß es, Curt Scharlach sei zu Studienzwecken nach Deutschland gekommen. Er wolle auch Frankreich und Großbritannien besuchen und innerhalb von sechs Monaten in die USA zurückkehren. Offenbar aber änderte Charlotte Charlaque ihre Pläne schon bald. Zeitweise hielt sie sich zwar tatsächlich in Frankreich auf, sodass ihr später ausgezeichnete Französischkenntnisse zugutekamen. So hieß es 1942, sie spreche Deutsch, Englisch, Französisch und ein wenig Italienisch.[22] In die USA fuhr sie aber vorerst nicht zurück.

Wohl vor allem in ihrer frühen Berliner Zeit Anfang der 1920er Jahre trat Charlotte Charlaque als „Damendarsteller“ bzw. als Sängerin und Tänzerin auf. Später arbeitete sie als Rezeptionistin im Institut für Sexualwissenschaft Magnus Hirschfelds sowie als Sprachlehrerin und Übersetzerin. Ragnar Ahlstedt hielt 1933 fest, Charlotte Charlaque („Fräulein Lola“) sei auf deutschen wie amerikanischen Bühnen auf-

Abb. 2: Das Hauptgebäude des Instituts für Sexualwissenschaft in Berlin. Bildpostkarte, undatiert

getreten.[23] Nach eigenen Angaben will Charlotte Charlaque in den 1910er oder 1920er Jahren auch in Filmen mitgewirkt haben. So behauptete sie später, sie habe einst in einem Stummfilm die Rolle eines Mannes übernommen, der sich als Frau verkleidete, um ein Attentat auf den deutschen Kaiser Wilhelm II. auszuüben.[24] Bis heute hat sich aber nicht ermitteln lassen, um welchen Film es sich gehandelt haben könnte.

Bis zu einem gewissen Grad sind wohl auch Zweifel an den Aussagen Charlotte Charlaques über ihren eigenen künstlerischen Werdegang angebracht. So hieß es 1963 in einem Nachruf, der auf Angaben ihrer

New Yorker Freunde und Freundinnen zurückging, Charlotte Charlaque sei um 1920 zusammen mit dem österreichischen Theaterschauspieler Alexander Moissi (1879–1935) aufgetreten, kurz darauf habe sie dann den französischen Weltstar Sarah Bernhardt (1844–1923) auf einer Vaudeville-Tour durch die USA begleitet. Selbst der deutsche Komponist Richard Strauss (1864–1949) soll auf ihr Talent aufmerksam geworden sein. Er habe ihr die Rolle der Salome in seiner gleichnamigen Literaturoper (1891) angeboten. So habe „Lotte" ihr Theaterdebüt denn auch in einer Potsdamer Aufführung von Strauss' skandalumtostem Werk erlebt.[25] Für all diese Behauptungen haben sich bislang keine Belege finden lassen. Sie beruhten wohl vor allem auf Hörensagen, zum Teil auf Charlotte Charlaques Erfindungsgabe und möglicherweise auf manchem Missverständnis, vermutlich aber auch auf der wohlmeinenden Absicht, der verstorbenen „Königin" der berühmten Uferpromenade von Brooklyn Heights ein würdiges Denkmal zu setzen. In ihrer New Yorker Nachbarschaft strömte Charlotte Charlaque „Grandezza" aus und verkörperte als schillernde Persönlichkeit ein Stück „altehrwürdiges" Europa. Die Skyline von Manhattan auf der anderen Seite des East River bot für ihre Auftritte auf der Bühne des Lebens offenbar genau die richtige Kulisse.

Selbstbestimmt leben

Die ersten Schritte in Richtung auch auf eine körperliche Identität als Frau hin scheint Charlotte Charlaque schon unternommen zu haben, als sie noch minderjährig war. Worin diese Schritte im Einzelnen bestanden, wird aus den überlieferten Quellen allerdings nicht deutlich. So soll sich Charlotte Charlaque bereits um 1906 der einen oder anderen genitalchirurgischen Behandlung unterzogen haben.[26] Zu diesem Zeitpunkt war sie etwa vierzehn Jahre alt. Folglich müssen die Schritte mit dem Einverständnis der Eltern erfolgt sein. In den USA waren solche „feminisierenden" Eingriffe damals nur in Fällen von Intersexualität bzw. „Androgynität" erlaubt. Ab etwa 1912 will Charlotte Charlaque dann auch eine offizielle Erlaubnis erhalten haben, sich in Frauenkleidern zu bewegen – unbekannt ist, wer sie erteilte. Möglicherweise wurden beide Maßnahmen in Deutschland vorgenommen. Belegt ist, dass Jenny Scharlach im Mai 1907 zusammen mit ihrem Kind Charlotte alias Curt von einem Aufenthalt in Europa in die USA zurückkehrte. Im Herbst 1911 verließen Edmund, Jenny und Charlotte Charlaque alias Curt Scharlach das Land erneut, und Charlotte traf erst ein Jahr später wieder in New York ein. In den Ausweispapieren Edmund Scharlachs heißt es um jene Zeit, er verlasse die USA zusammen mit seiner Frau und seinem sechzehnjährigen „Sohn", kehre aber voraussichtlich innerhalb von zwei Jahren wieder heim. Unbekannt ist, warum die Familie Charlotte in den offiziellen Dokumenten um einige Jahre jünger gemacht hatte, als sie de facto war. Ende 1911 war sie doch schon neunzehn Jahre alt.

Die offenbar erste amtliche Erlaubnis für eine Frau, „in Männerkleidern weiter gehen zu dürfen", wurde in Deutschland um 1908 erteilt.[27] Katharina T. (1885–?) war kurz zuvor von der Berliner Polizei aufgegriffen worden und an Magnus Hirschfeld überwiesen worden. Den ersten Transvestitenschein für einen Mann erhielt Josef Meißauer (1863–?) etwa vier Jahre später aufgrund eines von Hirschfeld und dessen Kollegen Iwan Bloch (1872–1922) angefertigten Gutachtens.[28] Formal gab es im damaligen Deutschen Reich kein Gesetz, nach dem das Tragen der Kleidung des jeweils „anderen" Geschlechts verboten war. Wenn eine Person aber durch das Ausgehen in diesen Kleidern „öffentliches Aufsehen" erregte, konnte sie wegen „groben Unfugs" angehalten und bestraft werden. Die Praxis des Transvestitenscheins verbreitete sich in den Folgejahren stark. In der zeitgenössischen Literatur gibt es immer wieder entsprechende Mitteilungen, verwertbare Zahlenangaben liegen jedoch nicht vor.

B.

Der Polizeipräsident. Berlin C. 25, Alexanderstr. 3-6,

Abteilung IV. den 6 Dezember 1928

Die Arbeiterin Eva Katter, 14. 3. 1910 Berlin geb., in Britz [illegible] wohnhaft, ist hier als Männerkleidung tragend bekannt.

Kriminal-Kommissar.

Abb. 3: Transvestitenschein für Eva Katter, 1928

Schwieriger gestaltete sich um jene Zeit die von vielen „Transvestiten“ angestrebte Änderung des Vornamens. In Deutschland galt hinsichtlich der Namensänderung ab 1920 eine Einzelfalllösung. Nachdem Ende 1919 eine für preußische Staatsangehörige geltende Neuregelung für die Änderung des Nachnamens eingeführt worden war, die vor allem von sogenannten Ostjuden und Polen genutzt wurde, verfügte das Berliner Justizministerium im April des Folgejahres, die Amtsgerichte seien nun auch zur Prüfung und eventuellen Änderung des Vornamens ermächtigt. Doch dürfte Charlotte Charlaque als amerikanische Staatsbürgerin keine Gelegenheit gehabt haben, von dieser Regelung Gebrauch zu machen. Ihr US-amerikanischer Pass vom Sommer 1922 lief nach wie vor auf den Namen Curt Scharlach.

Allem Anschein nach waren Edmund und Jenny Scharlach trotz allem den Bestrebungen ihres jüngsten Kindes gegenüber nicht sehr verständnisvoll. Anfang der 1950er Jahre schrieb Charlotte Charlaque an George William und Florence Jorgensen, den Eltern der „blonden Schönheit" Christine Jorgensen, die als dänische Einwanderer in die USA gekommen waren: „Hätte meine Mutter sich wie Sie verhalten, wäre mein Leben um eine gehörige Portion glatter und glücklicher verlaufen."[29] Doch warum erwähnte Charlotte Charlaque hier nur ihre Mutter? Hatte sie sich im Zuge der Scheidung ihrer Eltern von ihrem Vater völlig gelöst, und wurde dieser gar nicht mehr Zeuge dessen, was sein Kind in Deutschland unternahm und erlebte? Bis zu einem gewissen Grad könnte Hans Scharlach seinen Vater über den Lebenswandel seines „Bruders" in Kenntnis gesetzt haben. Auf der anderen Seite hat Charlotte Charlaque ihren älteren Bruder in erhaltenen Briefen und anderen Dokumenten nie erwähnt. Zudem dürfte auch das Verhältnis zwischen Edmund Scharlach und seinem Sohn Hans insbesondere nach dem Konkurs von dessen Bankgeschäft angespannt gewesen sein. Ab Mitte der 1920er Jahre soll Edmund Scharlach über etliche Jahre hinweg für die Schulden seines Sohnes aufgekommen sein. Als Hans dann ein knappes Jahrzehnt später in die USA reiste, um seinen Vater zu sehen, so heißt es in der Familienerzählung, habe sich Edmund Scharlach geweigert, ihn zu treffen. Erst dann sei Hans Scharlach in die Karibik ausgewandert. Doch kann diese Anekdote nicht stimmen, da Hans Scharlach Europa erst im Dezember 1935 in Richtung USA verließ. Zu diesem Zeitpunkt war sein Vater schon seit über einem Dreivierteljahr verstorben.

Wie auch immer: Charlotte Charlaque behauptete nach dem Zweiten Weltkrieg, sie habe einst nach Europa fahren müssen, um sich den geschlechtsangleichenden Operationen unterziehen zu können.[30] Offenbar gab ihr erst das Berlin der Weimarer Republik die Möglichkeit, selbstbestimmt zu leben. Zuvor hatte sie den Arzt Harry Benjamin in New York aufgesucht, der beteuerte, er könne in den USA nichts für sie tun. Laut Gesetz dürfe sie sich nicht in Frauenkleidern in der Öffentlichkeit zeigen. Der gebürtige Berliner Benjamin war 1913 in die USA gezogen, wo er als Fürsprecher sexueller Freiheiten eine Art Außenseiter des medizinischen Establishments war. Als Charlotte Charlaque ihm gegenüber klagte, sie sei einmal sogar in der U-Bahn angehalten und beschuldigt worden, eine Frau zu sein, die sich als Mann verkleidet habe, riet ihr Benjamin, sich an Magnus Hirschfeld in Berlin zu wenden, den Benjamin noch aus seiner Zeit von vor 1913 kannte.[31] Auch was an dieser Erzählung wahr ist, lässt sich heute nicht mehr sagen. Nach dem Zweiten Weltkrieg soll Benjamin eingeräumt haben, dass er sich an seine erste Begegnung mit Charlotte Charlaque nicht mehr erinnern könne.[32]

Magnus Hirschfeld war ein Kraftzentrum im Berlin der Weimarer Republik. Der Arzt und Sexualforscher, der 1868 in Kolberg (heute Kołobrzeg/Polen) in eine jüdische Familie geboren worden war, hatte mit dem Wissenschaftlich-humanitären Komitee (WhK) 1897 die erste Selbsthilfeorganisation der Welt für Homosexuelle gegründet. Ihr Hauptanliegen war die Abschaffung des § 175 im deutschen Strafgesetzbuch, der mann-männliche Sexualkontakte unter Strafe stellte. 1919 eröffnete Hirschfeld in Berlin das Institut für Sexualwissenschaft, und wieder war er seiner Zeit um Jahre, wenn nicht gar Jahrzehnte voraus. Sein Institut, unter der Adresse In den Zelten 9a im Bezirk Tiergarten gelegen, wurde als weltweit erste Einrichtung ihrer Art zu einem Aushängeschild für das weltoffene Berlin der 1920er Jahre. Es war eine Forschungsinstitution ersten Ranges, Motor einer zivilgesellschaft-

Abb. 4: Magnus Hirschfeld im Institut für Sexualwissenschaft, um 1932

lichen Bürgerrechtsbewegung und Zufluchtsstätte für Menschen, die wegen ihrer sexuellen Identität auf Ablehnung stießen. Weil für Hirschfeld der Mensch seinen Anlagen gemäß nicht „Mann oder Frau", sondern vielmehr „Mann und Frau" in einem war, entwickelte sich sein Institut schnell zu einer internationalen Drehscheibe und als Fluchtpunkt auch für die sich entwickelnde „Transvestitenszene".

Berlin galt bereits vor dem Ersten Weltkrieg als Zentrum für geschlechtsangleichende chirurgische

Abb. 5: Das Institut für Sexualwissenschaft
als Treffpunkt und Zufluchtsstätte

Eingriffe. Hier soll sich bereits 1912 „ein weiblicher Transvestit" die Brüste abnehmen und die Eierstöcke entfernen haben lassen, und Anfang der 1920er Jahre war Charlotte Charlaque nicht die einzige Amerikanerin, die einschlägige Hilfe in der Stadt suchte. Belegt ist der Fall von „Florence Winter" (unaufgelöstes Pseudonym), die zu jener Zeit von Chicago aus nach Berlin fuhr, um „Lösungen für ihre Probleme bezüglich der Homosexualität und des Transvestitismus" zu finden.[33] „Winter" wollte als Mann leben, schreckte jedoch vor der operativen Geschlechtsangleichung zurück, und als der Zweite Weltkrieg ausbrach, kehrte sie nach Chicago zurück, um fortan als lesbische Frau weiterzuleben.

Im Institut für Sexualwissenschaft waren neben Magnus Hirschfeld selbst fünf Fachärzte tätig, unter ihnen Ludwig Levy-Lenz und Felix Abraham. Levy-Lenz fungierte ab etwa 1925 als Leiter der Frauenabteilung der Beratungsstelle am Institut, und Abraham machte sich ab 1929 vor allem durch die Beratung von „Transvestiten“ und „Transsexuellen“ einen Namen. Neben dem klinischen Betrieb gab es am Institut mit Karl Giese (1898–1938) – dem Lebensgefährten Magnus Hirschfelds – einen Archivar, dem das Museum unterstand, hier gab es einen Bibliothekar und eine ganze Reihe von Sekretärinnen und anderen Schreibkräften. Die Institutsbibliothek war die größte sexualwissenschaftliche Bücherei der Welt, und im Archiv wurden nicht nur einschlägige Ausschnitte aus Zeitungen gesammelt, die dem Institut von mehreren großen Zeitungsausschnittbüros regelmäßig zugeschickt wurden. Hier wurden neben ungedruckten Manuskripten, Briefen, Memoiren und Tagebüchern von Patienten und Patientinnen auch Fotos, historische Bilder und Drucke, Kunstgegenstände, Sexspielzeuge und Fetischobjekte jeglicher Art aufbewahrt. Das meiste hiervon wurde im Zuge der Plünderung des Instituts kurz nach der Machtübernahme der National-

Abb. 6: Der Institutsarzt Felix Abraham berät einen männlichen Transvestiten, undatiert

sozialisten im Frühjahr 1933 vernichtet bzw. ging im Verlauf der nachfolgenden Ereignisse verloren.

Charlotte Charlaque gab später an, sie sei von etwa 1924 bis 1933 als Rezeptionistin am Institut für Sexualwissenschaft beschäftigt gewesen. Ihre Aufgabe habe unter anderem darin bestanden, „transvestitische“ Patienten bzw. Patientinnen bei der Auswahl ihrer Kleider zu beraten, damit sie in der Öffentlichkeit als Frauen überzeugen konnten. Auch habe Charlaque ihnen, wie sie selbst mitteilte, bei der Suche nach Wohnungen geholfen.[34] Im September 1929 begleitete sie Magnus Hirschfeld und Karl Giese zum dritten internationalen

Kongress der Weltliga für Menschenrechte in London. Hirschfeld soll Charlaque bei dieser Gelegenheit ein Manuskript über „Transsexualität" zu lesen gegeben haben, an dem er gerade arbeitete. Offensichtlich ist dieses Manuskript dann aber nie in Buchform erschienen. Auf dem Londoner Kongress sprach Hirschfeld über amtliche Ehevermittlung und den Begriff des „Unzüchtigen", und sein Mitarbeiter Felix Abraham, der ebenfalls an dem Kongress der Weltliga teilnahm, referierte über die Behandlungsmöglichkeiten des „Hypererotismus". Charlotte Charlaque diente weder Hirschfeld noch Abraham als zu demonstrierende Patientin, sondern sie fungierte dank ihrer Englischkenntnisse als Sprachassistentin und Übersetzerin.

Das Institut für Sexualwissenschaft hatte um 1930 mindestens drei Hausangestellte, die sich geschlechtsangleichenden Operationen unterzogen hatten. Neben Charlotte Charlaque handelte es sich bei ihnen um Dora Richter (1892–?), die vorübergehend als Köchin in der Institutsküche arbeitete, und die Kunstmalerin Toni Ebel, die Hilfsarbeiten im Haushalt verrichtete. Ebel war um diese Zeit auch offiziell unter der Anschrift In den Zelten 9a gemeldet. Ludwig Levy-Lenz erinnerte sich in seinen Memoiren der Nachkriegszeit an die einstigen „Dienstmädchen" wie folgt: „Schwierig für die Transvestiten war auch die Frage der Arbeitsbeschaffung [...]. Da wir das wußten und nur wenige Betriebe transvestitisches Personal einstellten, beschäftigten wir diese, soweit es uns möglich war, in unserem eigenen Institut. So hatten wir z. B. fünf Dienstmädchen – alles transvestitische Männer, und ich werde den Anblick nie vergessen, der sich mir bot, als ich einmal nach Feierabend in die Küche des Hauses verschlagen wurde: da saßen die fünf ‚Mädchen' strickend und nähend friedlich nebeneinander und sangen gemeinsam alte Volkslieder. Jedenfalls war es das beste, fleißigste und gewissenhafteste Hauspersonal, das wir je gehabt haben. Niemals hat ein Fremder, der uns besuchte, etwas davon gemerkt."[35]

Die wohlwollende Wertschätzung Levy-Lenz' für das weibliche Hauspersonal am Institut für Sexualwissenschaft sei unhinterfragt. Deutlich wird in seiner Äußerung aber auch der Wunsch eines „Eingeweihten", der ein lange gehütetes Geheimnis lüftet, nach scherzhafter Zuspitzung. Levy-Lenz betonte, dass die Mädchen, die er distanzierend in Anführungszeichen setzte, trotz allem Männer waren. Im Übrigen behauptete er, sie seien auch nicht homosexuell gewesen. Diese Vorstellung sei gerade unter Laien weit verbreitet. Levy-Lenz schrieb: „Unsere Dienstmädchen des Instituts beispielsweise waren in diesem Punkt durchaus normal, d. h. sie trugen zwar Frauenkleider, liebten aber nur Frauen."[36] Seine Behauptung ist aber nachweislich falsch. Sowohl Charlotte Charlaque als auch Toni Ebel und Dora Richter liebten Männer. Das geht nicht nur aus den wenigen erhaltenen Ego-Dokumenten dieser Frauen und aus zeitgenössischen journalistischen Artikeln hervor, sondern auch aus der medizinischen Fachliteratur jener Jahre. Charlotte Charlaque hielt 1955 in einem Artikel für das amerikanische Homosexuellenmagazin *One* eindeutig fest, dass es sich in allen Fällen von Geschlechtsangleichung, von denen sie im Berlin der 1920er und 1930er Jahre Zeugin wurde, eben nicht um „heterosexuelle Transvestiten" gehandelt habe. Anderenfalls, so Charlaque, hätten die Operationen auch gar nicht gelingen können.[37]

Unbekannt ist, ob Charlotte Charlaque in Berlin Vergnügungslokale wie etwa das „Mikado", das „Dorian Gray" und die „Taverne" besuchte. Hier trafen sich homo- wie heterosexuelle „Transvestiten", die ansonsten in den meisten Fällen nur im engsten häuslichen Kreis und unter „ihresgleichen" ihr „Frau-" bzw. „Mannsein" ausleben konnten. Als „Zentrale aller Transvestiten" galt im Berlin der 1920er Jahre das Schöneberger Tanzlokal „Eldorado" (Luther-Straße 31–32, später mit der Zweitniederlassung Motzstraße 15, heute Hausnr. 24), das einen großen Zulauf neugieriger Nachtbummler aus nah und fern hatte. Ludwig Levy-Lenz, der im Übrigen betonte, die Transvestiten hätten stets sein „aufrichtiges Mitgefühl" gehabt, schrieb in seinen Memoiren, im „Eldorado" hätten sich „Typen" bewegt, von denen niemand sagen konnte, ob sie nun Männer oder Frauen waren. Sie seien „mehr Karikaturen als Menschen" gewesen: „Was aber die wenigsten wußten, war, daß fast alle Gestalten dort Priester und Priesterinnen der Freien Liebe waren. Aber, genau so wenig, wie man das ganze weibliche Geschlecht nach den Prostituierten der Acker-Straße beurteilen kann, so darf man nicht die echten Transvestiten nach den Exemplaren in einem Tingel-tangel beurteilen!"[38]

In Berlin gab es vor 1933 neben großen „Transvestitenbällen" auch mehrere Gründungsinitiativen zu einer Selbsthilfevereinigung für Transvestiten und Transvestitinnen. Nicht zuletzt die Zeitschrift *Das 3. Geschlecht*, die von 1930 bis 1932 erschien, popularisierte durch autobiografische Beiträge, fiktionale Texte und Fotografien das Wissen um „sexuelle Zwischenstufen" und bot Orientierung zur Entwicklung eines positiven Selbstbildes. Insbesondere männliche Transvestiten standen unter einem enormen Stigmatisierungsdruck und suchten verzweifelt nach Auswegen aus ihrer sozialen Isolation. Die Diskussion um eine Geschlechtsangleichung im Zuge von genitalchirurgischen Eingriffen nahm in *Das 3. Geschlecht* und anderen Zeitschriften der Zeit, die sich an Transvestiten und Transvestitinnen richteten, allerdings nur einen geringen Raum ein. Den meisten „Transvestiten männlicher Geburt“ reichte es, sich in der Kleidung des anderen Geschlechts zu bewegen, während für diejenigen, die sich völlig als Frau erlebten und mit ihrem „Geburtsgeschlecht“ haderten, die Bezeichnung „Transvestit“ eine Beleidigung war. Ihnen ging es nicht um Kleider, Perücken und Schuhe und einen „Akt des Transvestierens“ – oder jedenfalls nicht nur. Wie angeführt, fühlte sich Charlotte Charlaque spätestens ab ihrer abschließenden geschlechtsangleichenden Operation ganz als Frau. Als „Mann in Frauenkleidern“ wollte sie nicht betrachtet werden, und in Anlehnung an Lola Montez (eigentlich Elizabeth Rosanna Gilbert, 1821–1861), die irische Tänzerin und Geliebte des bayrischen Königs Ludwig I., nannte sie sich in den folgenden Jahren Lola. Gerade zu jener Zeit erfreute sich der Vorname zudem durch die von Marlene Dietrich in dem Spielfilm *Der blaue Engel* (1930) dargestellte Varietésängerin großer Popularität.

Frühe geschlechtsangleichende Operationen

Wann genau sich Charlotte Charlaque den genitalchirurgischen Eingriffen – abgesehen von jener möglicherweise ersten Behandlung um 1906 – unterzog, ist heute nicht bekannt. Sie selbst machte widersprüchliche Angaben hierzu und sprach einmal von 1929, ein anderes Mal von 1930. Die dänische Schriftstellerin und Übersetzerin Inga Junghanns (1886–1962), die im Frühjahr 1932 in Berlin mit Charlotte Charlaque sprach, datierte deren entscheidende geschlechtsangleichende Operation auf den Herbst 1931.[39] Ein Grund für die widersprüchlichen Datierungen liegt möglicherweise darin, dass Charlotte Charlaque mal den einen, mal den anderen Eingriff als den wichtigsten in der Abfolge angesehen hat. Sie strengte die entsprechenden Schritte in jedem Fall erst nach dem Tod ihrer Mutter an, auch wenn diese ihre letzten Jahre in Wiesbaden und nicht mehr in Berlin verbracht hatte. Anfang 1933 war Charlotte Charlaques Behandlung abgeschlossen – wie auch die ihrer beiden Freundinnen Toni Ebel und Dora Richter. Mindestens eine der Operationen Charlaques führte der Gynäkologe Kurt Warnekros (1882–1949) durch, der nach dem Abschluss seines medizinischen Studiums lange Jahre in Berlin praktiziert hatte, bevor er 1925 die Leitung der Frauenklinik des Stadtkrankenhauses in Dresden-Johannstadt übernahm. Auch wenn Charlotte Charlaque später einmal vom „Humboldt-Krankenhaus“ sprach, dürfte der Eingriff in der Berliner Tiergarten-Klinik stattgefunden haben, einem Krankenhaus, das sich unter der Adresse In den Zelten 8 befand. Hier hatten mehrere Ärzte des benachbarten Instituts für Sexualwissenschaft Belegbetten. Gesponsert worden sei die Operation, so Charlaque, von Magnus Hirschfeld, dem britischen Essayisten und Sexologen Havelock Ellis (1859–1939) und dem dänischen Arzt Jonathan Leunbach (1884–1955).[40]

Bis heute haben sich auch im Falle Toni Ebels und Dora Richters keine Dokumente finden lassen, in denen die ehemaligen Patientinnen im Detail auf ihre Geschlechtsangleichung eingegangen wären. Das ist aus der Überlegung heraus verständlich, dass das Sprechen über die operativen Eingriffe ihre gewonnene Weiblichkeit bis zu einem gewissen Grad in Frage gestellt hätte. Auch Charlotte Charlaque wollte sich allzu intimen Blicken Fremder nie aussetzen – eine Ausnahme bildet der österreichische Film *Mysterium des Geschlechts* (1933). Fest steht, dass es sich bei der chirurgischen Angleichung an das weibliche

Geschlecht um einen dreigliedrigen Prozess handelte, der aus der Kastration, der Amputation des Penis und der künstlichen Anlage der Scheide bestand. Hinzu kamen meist eine Epilationskur und gegebenenfalls Einspritzungen zur Vergrößerung der Brust – Eingriffe, die aber Charlotte Charlaque nicht vornehmen ließ. An Harry Benjamin schrieb sie 1956, ihr „busento" brauche zwar nach wie vor Polster, aber in ihrem Alter empfinde sie das auch nicht mehr als schlimm. Die historischen genitalchirurgischen Maßnahmen erstreckten sich jeweils über einen mehrmonatigen bis mehrjährigen Zeitraum.

Wie teuer die Operationen für die Betroffenen damals waren, ist nicht belegt. Charlotte Charlaque sprach einmal davon, dass Felix Abraham für eine ihrer Behandlungen die Kosten übernommen habe. Es handelte sich um einen Betrag von fünfzig Reichsmark.[41] Dabei ging es jedoch vermutlich um einen eher kleinen Eingriff. Dass sich andere Patienten und Patientinnen um 1930 entsprechende Operationen nicht immer leisten konnten, ist aus anderen Zusammenhängen bekannt. Demnach habe Ludwig Levy-Lenz im Fall von Gerd Katter (1910–1995), die als Eva Katter aufgewachsen war, ab etwa 1929 aber als Mann leben wollte, für eine geschlechtsangleichende Operation 500 Reichsmark verlangt.[42] Da Katter diesen

Betrag nicht aufbringen konnte, suchte er Hilfe bei einem zweiten Arzt. Dieser habe ihm schließlich eine falsche Diagnose ausgestellt, damit seine Krankenkasse die Kosten für den Eingriff trug. Toni Ebel soll ihre Behandlung in Form von Gemälden bezahlt haben. Sowohl Magnus Hirschfeld als auch Ludwig Levy-Lenz und Adelheid Schulz (1909–2008), die Haushälterin des Instituts für Sexualwissenschaft von 1928 bis 1933, kauften Werke von ihr. Schulz bezahlte für ein Bild, das sie an ihre Mutter erinnerte, zwölf Reichsmark – mehr als die Hälfte ihres wöchentlichen Lohns. Im Übrigen war Ebel für Schulz vor allem eine „Unglücksfigur" und ähnlich „bettelarm" wie Dora Richter.[43]

Über die Chronologie der frühen Geschlechtsangleichungen in Berlin um 1930 wie auch über den Umfang der vorgenommenen Operationen lässt sich heute nur wenig sagen. Wenn Ludwig Levy-Lenz in seinen Memoiren behauptete, er habe geschlechtsangleichende Operationen am Institut für Sexualwissenschaft seinerzeit „oft" durchgeführt, und es auch bei Inga Junghanns 1932 heißt, solche „Verwandlungsoperationen" seien „weit verbreitet", kann dies bis zu einem gewissen Grad in Frage gestellt werden.[44] In der gynäkologischen und der chirurgischen Fachliteratur der Zeit haben sich kaum Nachweise für die durchgeführten Maßnahmen finden lassen. Weder Ludwig Levy-Lenz noch andere Operateure wie Kurt Warnekros, Heinrich Stabel oder Erwin Gohrbandt scheinen seinerzeit im nennenswerten Umfang über ihre Erfahrungen publiziert zu haben. Immerhin sprach aber auch Felix Abraham 1931 von einer „unendlich" großen Zahl von „Patienten gleicher Veranlagung", die ähnliche Eingriffe wie Charlotte Charlaque, Toni Ebel und Dora Richter „anstreben, bislang aber noch nicht Mittel und Wege dazu kannten."[45] Abraham betonte auch, seine Kollegen und er hätten bereits aus anderen Fällen gelernt, „daß sich Transvestiten tatsächlich die schwersten Verletzungen beibringen, falls der Arzt ihrem Wunsche nicht willfährt."[46]

Werner Holz, seinerzeit Assistenzarzt am Oberlin-Kreiskrankenhaus in Nowawes bei Potsdam, beschrieb in seiner medizinischen Dissertation, die er 1924 an der Berliner Universität vorlegte, den frühen Lebensweg Dora Richters („Rudolph R.") bis zu deren erster geschlechtsangleichender Operation, der Kastration. Als Felix Abraham 1931 in der *Zeitschrift für Sexualwissenschaft* die „Genitalumwandlung an zwei männlichen Transvestiten" vorstellte, behandelte er die Fälle „Rudolph (Dora) R." und „Arno (Toni) E.", hinter denen sich unmissverständlich Dora Richter und Toni Ebel verbargen. Diese beiden beschrieb auch Pierre Najac, ein junger französischer Arzt, der ein Praktikumsjahr am Berliner Institut für Sexualwissenschaft verbracht hatte, in einem mit Porträtfotos ausgestatteten Bericht 1931.[47] Der Schwede Ragnar Ahlstedt, der wie Najac mit Abraham befreundet war und durch diesen mit dem Thema der chirurgischen Geschlechtsangleichung bekannt wurde, skizzierte 1933 in seinem Artikel „Männer, die zu Frauen wurden" vor allem die Geschichten von Toni Ebel und Charlotte Charlaque. Ahlstedts Angaben zufolge seien „Frau Toni" und „Fräulein Lola" nach dem Tode Lili Elbes „die einzigen operierten Transvestiten in ganz Europa", und er ging davon aus, sie dürften diese besondere Stellung auch auf längere Zeit behaupten können, da das neue nationalsozialistische Regime in Deutschland solche Operationen nunmehr verboten habe.[48] Ganz offensichtlich ließ Ahlstedt den Fall Dora Richter außer Acht, aus welchen Gründen auch immer. Vermutlich kannte er ihn gar nicht. Das heißt, Felix Abraham, Charlotte Charlaque und Toni Ebel dürften ihm nichts von „Dorchen" erzählt haben.

In einem vierten Aufsatz, der 1933 anonym unter dem Titel „Operative Umwandlung von Männern in Frauen gelungen" in der Zeitschrift *Die Geburtenregelung* erschien, wurden drei Berliner Fälle besprochen, bei denen es sich wie in den bereits genannten Arbeiten um die Operationen an Dora Richter, Toni Ebel und Charlotte Charlaque handelte.[49] Ebenfalls 1933 traten diese drei Frauen auch als Anschauungsobjekte in dem österreichischen Aufklärungsfilm *Mysterium des Geschlechts* von Lothar Golte auf – freilich, ohne dass ihre Namen genannt oder nähere Angaben zu ihrem individuellen Lebensweg gemacht wurden.

Selbstverständlich sind die zeitgenössischen Quellen mit einem gewissen Vorbehalt zu genießen. So wurden geschlechtsangleichende Operationen im „Dritten Reich" nicht grundsätzlich verboten. Vielmehr zeichnet sich die Zeit zwischen 1933 und 1945 in Deutschland durch einen uneinheitlichen Umgang mit dem „Transvestitismus" aus. Für operative Eingriffe war jetzt zwar die Zustimmung der Gesundheitsämter notwendig, doch konnte einigen wenigen transweiblichen Personen auch noch während des Zweiten Weltkriegs die Geschlechtsangleichung ermöglicht werden.[50] Belegt ist etwa der Fall von Henriette B. (alias Hinrich B.) aus dem Jahr 1943.[51] Für die Zeit vor 1933 kann angemerkt werden, dass geschlechtsangleichende Eingriffe in Deutschland nicht nur in Berlin vorgenommen wurden. So ließ sich Hertha Elisabeth Wind (alias Adolf Wind, 1897–?) im Oktober 1931 in Frankfurt am Main operieren.[52]

Problematisch ist in mancher Hinsicht der Lebensbericht der Dänin Lili Elbe (1882–1931), der in Form der posthum erschienenen Buchveröffentlichung *Ein Mensch wechselt sein Geschlecht* (dän. Originalausgabe 1931) weltweit für Aufsehen sorgte. Noch heute wird Lili Elbe, die als Einar Wegener geboren wurde und vor ihrer Geschlechtsangleichung als Maler in Paris gelebt hatte, in weiten Kreisen irrtümlich als weltweit „erster Fall" einer geschlechtsangleichenden Operation angesehen. Die insgesamt fünf Eingriffe, denen sich Elbe unterzog, erfolgten alle im Lauf des Jahres 1931. Nach einer anfänglichen Untersuchung durch Magnus Hirschfeld in Berlin führte Kurt Warnekros wie im Falle Charlotte Charlaques die übrigen Operationen aus, allerdings in Dresden. Lili Elbes weltweit verbreiteter Lebensbericht zielt ganz und gar darauf ab, ihren Fall als einzigartig darzustellen. Jedoch ist wenigstens eine Passage für den informierten Leser verwunderlich. Zu Einar Wegeners erstem Besuch am Institut für Sexualwissenschaft heißt es: „Eine Dame, Assistentin Hirschfelds, ist jetzt zu ihm [Einar Wegener] ins Wartezimmer gekommen. Sie beginnt ein Gespräch mit ihm. Er hört eigentlich nur zu. Sie hat Takt und was sie sagt, geschieht, fühlt er, ohne Neugier, ohne Aufdringlichkeit. ‚Ihr Fall ist für uns hier ein Novum. Und was das Interesse noch erhöht, das

Abb. 7: Lili Elbe: *Ein Mensch wechselt sein Geschlecht.* Umschlag der deutschsprachigen Ausgabe

wir aus Gründen der Wissenschaft Ihnen entgegenbringen, ist die Tatsache, dass sie ein Künstler, ein Intellektueller sind, dass Sie also imstande sind, sich selber, Ihre Gefühle, Ihr Gefühlsleben zu analysieren. Sie werden ja das Unerhörte, Unglaubliche erleben: zuerst als Mann gelebt und gefühlt zu haben, und dann als Frau leben und fühlen zu sollen. Ich muss an jenen römischen Kaiser denken, der sich das Leben genommen hat, weil er das, was jetzt *Ihr* Schicksal wird, nicht erlangen konnte ...'"[53]

Ein Novum war Lili Elbe im Institut für Sexualwissenschaft um 1931 wirklich nicht, und mit den Äußerungen Charlotte Charlaques über ihre eigene Tätigkeit am Institut vor Augen, dürfte es sich bei der Dame, die Einar Wegener einst so einfühlsam begrüßte, um eben sie selbst gehandelt haben. Da passt es, dass Charlotte Charlaque sich später herablassend über Lili Elbe ausgesprochen hat. In einem Interview der 1950er Jahre sagte sie: „Sie war ein tuntiger Junge, der sich auf den Straßen herumtrieb. [...] Sie war blond und hatte einen starken Bartwuchs. Irgendein Quacksalber hatte ihr erzählt, dass ihr Bart nicht entfernt werden könne, wenn man ihr nicht gleichzeitig die Prostata entnehmen würde. Sie fragte mich, aber ich sah nicht ein, was das eine mit dem anderen zu tun habe. [...] Später war Lili Elbe sehr unglücklich. Sie legte sich dann einen kleinen schwulen Bubi zu. Sehr dumm von ihr. Von ihrer früheren Frau war es auch sehr dumm, ihre Geschichte zu veröffentlichen."[54]

Wenn man sich heute an einer Chronologie der frühen operativen Geschlechtsangleichungen versucht, muss Dora Richter als erster Fall gelten. Bei ihr wurde die „doppelseitige Hodenkastration" 1923 von Heinrich Stabel (1867–1943) durchgeführt. Pierre Najac lieferte acht Jahre später sogar ein genaues Datum. Demnach erfolgte der Eingriff am 22. Mai 1923.[55] Da Stabel seine Patientin aber davon überzeugen konnte, von einer Amputation des Penis Abstand zu nehmen, erfolgte dieser Eingriff erst Anfang 1931 durch Ludwig Levy-Lenz. Die Anlage der künstlichen Scheide wurde wenige Monate später von Erwin Gohrbandt (1890–1965) durchgeführt, der seinerzeit Chefarzt des Krankenhauses am Urban in Berlin-Kreuzberg war – laut Najac am 22. Mai 1931. Felix Abraham und Pierre Najac fungierten als Assistenten. Dora Richters Freundin Toni Ebel machte die Kastration, die Amputation und die Scheidenoperation innerhalb von zwei Jahren durch, vermutlich zwischen 1929 und 1931. In ihrem Fall übernahm Ludwig Levy-Lenz die Kastration und die Amputation, die Ausformung der Scheide nahm Erwin Gohrbandt vor, vermutlich wiederum assistiert von Felix Abraham. Wiederum Najac zufolge kam es am 6. Januar 1929 und am 14. November 1930 zu den ersten beiden Operationen.[56] Insgesamt soll sich Toni Ebel aber fünf Eingriffen unterzogen haben. Einem Interview zufolge, das sie 1932 unter dem Pseudonym „Wally E." dem *12-Uhr-Blatt* gab, hatte sie mehrere Ärzte gebeten, an ihr eine Operation durchzuführen, die man zwei Jahre zuvor an einem ihr bekannten Transvestiten vorgenommen hatte.[57] Dieser Transvestit soll zehn Jahre jünger als sie selbst gewesen sein. Es könnte sich bei ihm um Dora Richter oder um Charlotte Charlaque gehandelt haben, da beide 1892 geboren wurden.

Ragnar Ahlstedt zufolge erfolgte die geschlechtsangleichende Operation Charlotte Charlaques vor der von Toni Ebel, gemäß dem anonymen Bericht „Operative Umwandlung von Männern in Frauen gelungen" aber danach. Hier heißt es über die namentlich nicht genannte Patientin: „Die dritte Operation schließlich, die erst vor ganz kurzer Zeit durchgeführt wurde, betraf einen heute Vierzigjährigen, dessen transvestitische Neigungen sich in der Pubertätszeit entwickelt hatten. Der junge Mann entzweite sich deshalb mit seinen Eltern, verließ die Heimat, führte ein unstetes Leben. Er zog von Ort zu Ort, trat überall als Frau auf und erwarb seinen Unterhalt als Tänzerin. Schon vor der Operation machte dieser Mann

Abb. 8: Charlotte Charlaque,
Standbild aus dem Film *Mysterium des Geschlechts*, 1933

den Eindruck einer vollkommenen Frau. Hier war die Operation am dringendsten geboten, weil der Patient mit Selbstverstümmelung drohte und es offensichtlich war, daß er seine Drohung verwirklichen würde.“[58] Die Beschreibung ist allerdings sehr allgemein gehalten und trifft so sicher auf viele Kandidaten und Kandidatinnen für eine geschlechtsangleichende Operation zu jener Zeit zu.

Bei Ragnar Ahlstedt und in dem Artikel „Operative Umwandlung von Männern in Frauen gelungen“, der in *Die Geburtenregelung* erschien, irritiert bis zu einem gewissen Grad die Falschschreibung der Namen der zwei Ärzte („Professor Gohrband“ und „Dr. Lenz-Lewy“), die in Zusammenarbeit mit Felix Abraham die Operationen durchgeführt hätten. Später sollte Charlotte Charlaque zudem behaupten, ihr Operateur sei Kurt Warnekros gewesen. Der anonyme Autor in *Die Geburtenregelung* behauptet des Weiteren, die Namensumschreibung der Patientinnen im Standesregister sei in allen drei Fällen bewilligt worden. Die Geschlechtsumschreibung sei in zwei Fällen bereits durchgeführt worden, im dritten Fall – also bei Charlaque – sei sie noch im Zuge. Wie auch immer, Charlotte Charlaque behauptete nach dem Zweiten Weltkrieg: „Hätte Professor Warnekros mich nicht operiert, ich hätte alledem ein Ende gemacht. Aber er hat es getan, und seither bin ich der glücklichste Mensch, den man sich vorstellen kann."[59]

Die Unstimmigkeiten in Bezug auf die Datierung der einzelnen Eingriffe an Charlotte Charlaque lassen sich heute nicht mehr auflösen. Doch schon Ragnar Ahlstedt hielt 1933 fest: „Viele Lücken bleiben, und einiges mehr würde man gern erfahren, aber vielleicht ist es besser, nicht zu sehr in die Tiefe zu gehen, denn direkt erbaulich kann es ja kaum sein."[60] Am explizitesten wurde der österreichische „Sexual-Tonfilm" *Mysterium des Geschlechts* von Lothar Golte, der in der Werbung als „Streifzug durch das Nachtleben der Sexual-Abnormen" angekündigt wurde.[61] Schon der Untertitel deutet an, dass der Film nicht unbedingt einen wissenschaftlichen oder neutralen Beitrag liefern wollte. In Berlin war gleichwohl unter anderem Felix Abraham vom Institut für Sexualwissenschaft als Mitarbeiter des Filmes gewonnen worden. *Mysterium des Geschlechts* erlebte am 27. April 1933 seine Uraufführung in Wien, doch aufgrund massiver Proteste wurde er schon nach wenigen Tagen durch das Einschreiten der Polizei aus dem Programm der Wiener Lichtspieltheater genommen. In Deutschland gelangte er erst gar nicht zur öffentlichen Vorführung, da er von der Zensur verboten wurde.

Der Film beschreibt in einer Rahmenhandlung, wie sich die beiden angehenden Mediziner Felix Werkmann und Elisabeth Gärtner auf ihre Abschlussprüfung an der Universität vorbereiten. Eines Tages schlägt Werkmann, angeregt durch einen wissenschaftlichen Vortrag, seiner Freundin vor, das Nachtleben „sexuell anormaler Menschen" zu studieren. In einer Bar lernen sie eine Morphinistin und einen männlichen Damendarsteller kennen. Am Tag darauf wird in der Universitätsklinik eine operative Geschlechtsangleichung an einem Mann durchgeführt, und später werden auch sogenannte Verjüngungsoperationen gezeigt. Am Ende bestehen Werkmann wie Gärtner ihre Prüfung, um künftig den Arztberuf auszuüben. In die Rahmenhandlung sind verschiedene dokumentarische

Abb. 9: Toni Ebel, Charlotte Charlaque und Dora Richter, Standbild aus dem Film *Mysterium des Geschlechts*, 1933

Filmsequenzen geschaltet, und in einer von ihnen figurieren Dora Richter, Toni Ebel und Charlotte Charlaque – zunächst in Damenkleidung und dann mit entblößtem Körper. Zu den bewegten Bildern ertönt eine Stimme aus dem Off: „Wir sehen hier drei Personen, die ihrer Kleidung gemäß Frauen zu sein scheinen. Tatsächlich aber handelt es sich um drei Männer, die in Folge ihrer seelischen Einstellung seit ihrer Geburt weibliche Neigungen besaßen und über ihren Wunsch auf operativem Wege zu Frauen wurden."[62] Auch in *Mysterium des Geschlechts* wird folglich die Weiblichkeit der drei „Männer" als vermeintlich dargestellt. Über Toni Ebel hieß es etwa, sie lasse „noch deutlich den ursprünglichen männlichen Typ erkennen". Dora

Richter habe zwar bereits vor ihrer Operation „weibliche Anlagen in der äußerlichen Gestaltung des Körpers aufgewiesen“, doch Charlotte Charlaque falle „schon in ihren Gesten als am meisten glaubhaftes weibliches Wesen“ auf. Die drei wurden trotz allem abwertend als „Mannfrauen“ charakterisiert.

Freundinnen, Weggefährtinnen und privates Umfeld

Zu den engsten Freundinnen Charlotte Charlaques in Berlin um 1930 gehörten zweifellos Toni Ebel und Dora Richter. Insbesondere mit Toni Ebel verband Charlotte Charlaque eine innige Beziehung, die erst 1942 durch die Nationalsozialisten beendet wurde. Ab 1932 wohnten die beiden Frauen auch zusammen, zunächst in Berlin, dann – nach ihrer Flucht aus Deutschland – im tschechischen Karlsbad (Karlovy Vary), in Brünn (Brno) und Prag. Wann genau die zwei einander kennenlernten, ist nicht belegt. Es muss spätestens Anfang 1928 gewesen sein. Nach Toni Ebels Angaben hatte Charlotte Charlaque ihren Fall Hirschfeld vorgestellt, woraufhin sie zu Hirschfeld in Behandlung kam.[63] Im April 1928 war sie im Institut für Sexualwissenschaft angestellt. Sie erhielt Kost und Logis als Hausmädchen und verdiente monatlich 24 Reichsmark. Ebenfalls im Frühling 1928 erhielt sie ihren Transvestitenschein.

Toni Ebel wurde am 10. November 1881 als ältestes von elf Kindern eines Kaufmanns und dessen Ehefrau in Berlin geboren.[64] Die Eltern, die evangelisch waren, gaben ihr den Namen Arno und erzogen sie als

Jungen. Als sie sich zu ihrer Geschlechtsangleichung entschloss, war sie 46 Jahre alt. Schon als Kind war Toni alias Arno Ebel durch ein mädchenhaftes Wesen und eine Begeisterung für hauswirtschaftliche Tätigkeiten aufgefallen. Nach dem Abschluss der Volks- und Realschule absolvierte sie zunächst eine Lehre zum „Kaufmann", dann zum „Dekorateur", musste sie jedoch wegen fehlender Eignung abbrechen. Im Alter von neunzehn Jahren begriff Toni alias Arno, dass sie anders als ihre männlichen Kameraden war. Von dem ersten Geld, das sie sich verdient hatte, kaufte sie sich eine strohgelbe Lockenperücke und Frauenkleider, die allerdings von den Eltern entdeckt wurden und daraufhin im Feuer landeten. Um 1901 verliebte sich Ebel in einen Mann, und nachdem es deshalb zu Streitigkeiten mit den Brüdern und dem Vater gekommen war, verließ sie das Elternhaus und zog durch weite Teile Deutschlands, Österreichs und Italiens. Sie ließ sich zum „Kunstmaler" ausbilden und besuchte unter anderem die Kunstschule in München. Auf der anschließenden Wanderschaft lernte sie in Venedig einen reichen älteren Herrn, einen gebürtigen Amerikaner, kennen, der für einige Jahre zu ihrem Gönner und Financier wurde. Allem Anschein nach handelte es sich um eine homosexuelle oder jedenfalls mann-männliche Freundschaftsbeziehung. Nach der

Trennung von diesem Mann reiste Ebel allein durch Italien, Spanien, Frankreich und Nordafrika, kehrte jedoch um 1908 nach Deutschland zurück. Später hieß es gelegentlich, „Arno Ebel" habe als Maler im Umfeld von Käthe Kollwitz (1867–1945) Erfolge feiern können.[65] Doch hat sich bislang nicht ermitteln lassen, wann die beiden einander kennengelernt haben und wie eng sich ihr Kontakt gestaltete.

In Berlin traf Toni alias Arno Ebel dann Olga Boralewski (1873–1928), ihre spätere Ehefrau. Die Ehe, die 1911 geschlossen wurde, war jedoch sehr unglücklich. Nach eigenen Angaben verließ Ebel die Gattin mehrfach und unternahm vier Selbstmordversuche, zeitweise wurde sie – also Toni – sogar in eine Heilanstalt eingeliefert. Stets aber habe Olga Ebel „ihren Mann" zu sich zurückgeholt. Dabei habe sie „ihn" auch geschlagen. Überhaupt soll Toni empfindsamer und femininer als Olga gewesen sein. 1916 wurde Toni alias Arno Ebel zum Kriegsdienst eingezogen. Sie machte Stellungskämpfe in der Champagne mit, wurde verschüttet und erlitt schließlich einen schweren Nervenzusammenbruch, woraufhin sie einem Reservelazarett zugewiesen und dann mit einer 30-prozentigen Rente entlassen wurde. 1919 wurde sie als „Schwerbeschädigter" anerkannt und erhielt eine Stellung als „Zeichner" in einer Berliner Elektrizitätsfirma. Um diese Zeit wurde Olga Ebel schwer krank und bettlägerig, und Toni war gezwungen, sie zu pflegen. Allem Anschein nach litt Olga an der Syphilis. Zu Hause legte Toni Frauenkleider an, kochte das Essen, versorgte die Gattin, machte die Wohnung sauber und wusch Wäsche.

Olga Ebel starb im Januar 1928, und von nun an nutzte Toni alias Arno Ebel jede Gelegenheit, ihre Geschlechtsangleichung voranzutreiben. Offenbar erlitt sie in dieser Zeit erneut einen Nervenzusammenbruch. Nach Ragnar Ahlstedt musste Ebel ganze fünf Operationen über sich ergehen lassen, das Resultat sei „aufgrund geringerer günstiger physiologischer Bedingungen" aber weniger geglückt als bei ihrer Freundin Charlotte Charlaque gewesen.[66] Als Felix Abraham ihren Fall 1931 darlegte, war die Behandlung noch nicht abgeschlossen. In einer noch ausstehenden Operation sollten die verbliebenen Reste des Hodensacks nach unten verlagert und als Schamlippen verwendet werden. Ein erster Antrag Toni Ebels auf Änderung ihres Vornamens von Arno zu Annie wurde 1929 nicht befürwortet. Erst 1930 wurde ihrem Antrag, den Vornamen Toni tragen zu dürfen, stattgegeben. Um diese Zeit wohnte Toni Ebel in der Wolliner Straße 47 in Berlin-Mitte. Weil hier aber Charlotte Charlaque, wenn sie zu Besuch kam, von den Nachbarn als

Jüdin beschimpft wurde, zog Ebel zu ihr nach Berlin-Schöneberg.

Aufgrund der innigen Beziehung, die Charlotte Charlaque und Toni Ebel über zehn Jahre miteinander verband – die Frauen sprachen später übereinander als „ihr Liebstes“ und Ähnliches – ist der Eindruck entstanden, die beiden könnte eine lesbische Liebesbeziehung verbunden haben. Doch dem Anschein nach war dies nicht der Fall. In einem Interview, das Toni Ebel 1932 dem *12-Uhr-Blatt* gab, bekannte sie, dass sie einen Freund habe. Sie habe ihn sehr gern und würde ihn auch gern heiraten, sofern er denn nur eine feste Anstellung hätte. Im Übrigen „hasse“ sie „weibische“ Männer, ihr Freund sei „stark und bärtig“.[67] Wie erwähnt ließ Charlotte Charlaque später Ähnliches über ihre sexuellen Neigungen verlauten, wenngleich sie den „behaarten Affen-Mann“ verabscheute.

Der frühe Lebensweg Dora Richters verlief nicht weniger dramatisch als derjenige Toni Ebels. Richter wurde am 16. April 1892 im böhmischen Erzgebirge geboren.[68] Sie war das älteste von sechs Kindern eines Musikers und dessen Frau, die als Spitzenklöpplerin arbeitete. Die Eltern gaben ihr den Namen Rudolph. Schon als Kind zeigte Dora alias Rudolph Richter Interesse für Mädchenkleidung, Mädchenspiele und

Mädchengesellschaft, während sie eine wahre Abneigung gegen alles Raue, Derbe und Grobe an den Tag legte, das sie mit Jungen in Verbindung brachte. Später waren ihre Lieblingsbeschäftigungen typisch weiblich geltende Arbeiten wie Kochen, Putzen und andere Hausarbeiten. Richter wurde katholisch erzogen und suchte in Krisenzeiten immer wieder Trost und Rückhalt in der Religion. Nach eigenen Angaben unternahm sie mehrere Selbstmordversuche und hegte gegen ihre männlichen Geschlechtsteile einen direkten Hass. Einmal soll sie diese sogar mit einem starken Band abgebunden haben, und nur die Angst zu verbluten hinderte sie daran, sich die Genitalien mit einem Rasiermesser abzuschneiden.

Nach einer Bäckerlehre verließ Richter um 1909 ihren Heimatort und zog in eine größere Stadt, in der sie ein Jahr verblieb. In der Freizeit kleidete sie sich nun immer wieder als Mädchen. Vermutlich handelte es sich bei der größeren Stadt um Karlsbad. Später spielte Richter auch in einem Wandertheater und zog nach Leipzig, wo sie zwei Jahre blieb und als „Kartenabreißer“ in einem Kino und in einer Schokoladenfabrik arbeitete. Schließlich fand sie Anstellung in einem Leipziger Restaurant, in dem sie als Kellnerin gekleidet tätig sein durfte. Richters Geschlechtstrieb erwachte im 16. Lebensjahr und war immer nur auf

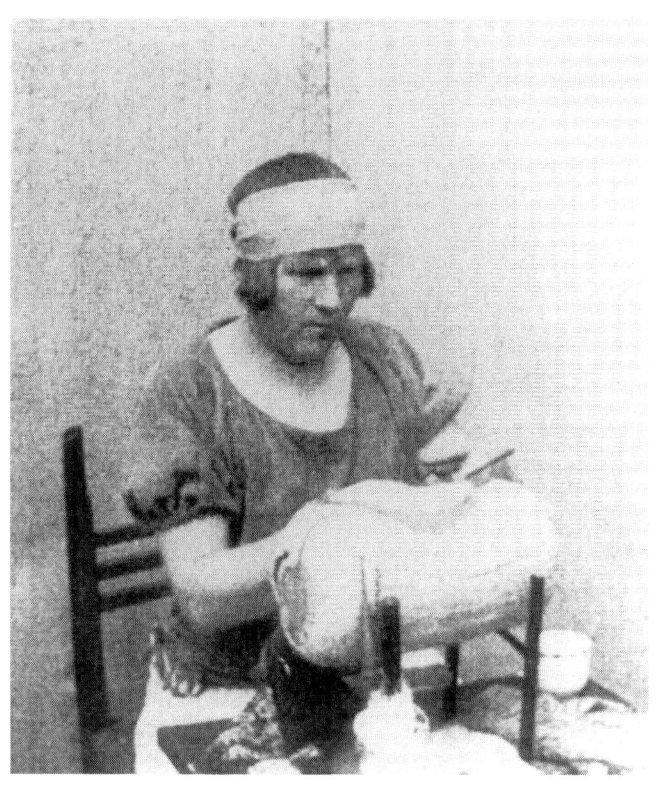

Abb. 10: Dora Richter beim Klöppeln, undatiert

Männer ausgerichtet.[69] Gleichwohl verstand sie sich nicht als homosexuell und konnte – so jedenfalls Werner Holz – nicht verstehen, wie zwei Männer überhaupt „aneinander Gefallen" finden konnten. Um in sexuellen Kontakt mit einem Mann treten zu können, gab sie sich ganz weiblich, und wiederum nach Holz kam es Richter gar nicht in den Sinn, dass sie damit an den Männern, die sie liebte, „einen Betrug beging".[70]

1916 wurde Richter zum Kriegsdienst eingezogen, jedoch schon nach zwei Wochen wieder „nach Hause" entlassen. Gemeint war offenbar Leipzig. Nach dem Ersten Weltkrieg zog sie in ihren Heimatort zurück und meldete sich, ermutigt durch einen Freund, schließlich im Berliner Institut für Sexualwissenschaft, um von den so verhassten männlichen Genitalien befreit zu werden. Dort lebte und arbeitete Richter, nunmehr unter weiblichem Namen, ab Mai 1923 als Hausmädchen. Sie war jetzt 31 Jahre alt. Von den anderen Mitarbeitern und Mitarbeiterinnen des Instituts ließ sie sich liebevoll „Dorchen" nennen. Spätestens 1931 wechselte Dora Richter dann als Küchenmädchen in das Restaurant Kempinski am Kurfürstendamm 27.[71]

Die ausführliche Beschreibung des frühen Lebenswegs Richters wurde von einem Mediziner verfasst und entstand in einem wissenschaftlichen Kontext, ist aber nicht immer stringent und in Teilen wenig glaubwürdig, so insbesondere, wenn es um die Männer geht, in die sich Dora Richter – äußerlich zunächst als Mann gekleidet – verliebt hatte. So sollen diese Männer nie den geringsten Verdacht geschöpft haben, es nicht mit einer Frau zu tun haben, wenn sie mit Richter – nunmehr als Frau gekleidet – intim verkehrten. Streng genommen konnte Werner Holz doch nicht wissen, was die Männer dachten, ahnten oder geflissentlich „übersahen“. Seine einzige „Zeugin“ war, abgesehen von einigen erhaltenen Briefen, Dora alias Rudolph Richter. Holz räumte ein, die Lebensgeschichte Richters müsse an vielen Stellen „geradezu grotesk“ anmuten, doch hatte er nach eigenen Angaben keinen Zweifel an ihrer Glaubwürdigkeit. Richter „imponiere“ vollkommen als Frau, hielt Holz fest und schrieb: „Bei unserem Patienten prägt sich der seelische Feminismus derart stark aus, dass man im Gespräch mit ihm vollkommen vergisst, einen Mann vor sich zu haben.“[72] Auch den Wunsch Richters nach einer Epilationskur – oder die subjektiv empfundene Notwendigkeit nach einer solchen Kur – wertete er nicht als Beleg für eine gewisse Männlichkeit. Gleichwohl behielt Holz in seiner Beschreibung stets das männliche Personalpronomen für Richter bei. Adelheid Schulz bezeichnete „Dorle“ in Interviews später als „weniger zart und schön“, ja „derb“. Sie habe vor dem Hauspersonal im Institut für Sexualwissenschaft gelegentlich Tänze aufgeführt, offenbar aber nicht immer und für alle gleichermaßen überzeugend.[73]

Als Ragnar Ahlstedt Charlotte Charlaque und Toni Ebel 1933 besuchte, wohnten die beiden Frauen in eher bedrängten Verhältnissen in einer Einzimmerwohnung in der Nollendorfstraße 24 in Berlin-Schöneberg. Während die eine sich als Schauspielerin bezeichnete, arbeitete die andere als Malerin – mit ihrer Freundin als Modell. Die wenige Wochen zuvor erfolgte Plünderung des Instituts für Sexualwissenschaft kam in dem Porträt, das Ahlstedt anschließend in Schweden über „Fräulein Lola“ und „Frau Toni“ veröffentlichte, nur am Rande zur Sprache. Auf der gegenüberliegenden Straßenseite, nur wenige Häuser entfernt, wohnte von 1929 bis Anfang 1933 der britische Schriftsteller Christopher Isherwood (1904–1986). Ähnlich wie Charlotte Charlaque verdiente er sich seinen Lebensunterhalt um diese Zeit als Sprachlehrer. Mit seinen Romanen *Mr Norris Changes Trains* (1935) und *Goodbye to Berlin* (1939), in denen er seine Erlebnisse in der deutschen Reichshauptstadt beschrieb, prägte er bald das Berlinbild der frühen 1930er Jahre im angelsächsischen Sprachraum. Ob aber Charlotte Charlaque und Christopher Isherwood einander je begegnet sind, ist nicht belegt.

Zum Freundeskreis Charlotte Charlaques und Toni Ebels gehörten laut Ragnar Ahlstedt um 1933 zwei „Männer“, von denen der eine, Fritz, der Neffe eines deutsch-amerikanischen Schriftstellers war. Der andere, Felix, hatte als Polizist gearbeitet und nannte sich nun Felicitas. Ihre Nachnamen wurden nicht genannt.

Abb. 11: Toni Ebel und Charlotte Charlaque in ihrer gemeinsamen Wohnung. Foto von Ragnar Ahlstedt, 1933

Zusammen mit Ahlstedt und einem seiner Freunde begaben sich Fritz, Felix alias Felicitas, „Fräulein Lola" und „Frau Toni" in eine nahe gelegene italienische Taverne, und für den schwedischen Journalisten wurde es „ein Abend, wie [er] ihn noch nie erlebt" hatte: „Es ist eine frohe Gesellschaft, die einen Moment später um einen runden Tisch in der Ecke [...] Platz nimmt. Alle vier Berliner haben einen Moment lang ihre Sorgen vergessen und freuen sich darüber, ausnahmsweise einmal ausgegangen zu sein. Denn ihre bescheidenen Einnahmen lassen für gewöhnlich solche Extravaganzen nicht zu."[74] Bei einer Flasche Wein redete man zunächst über allgemeine Erlebnisse, aber als das Gespräch persönlich wurde, kehrte die Gruppe in die Wohnung von Charlotte Charlaque und Toni Ebel zurück, um sich dort ungestört weiter über Privates unterhalten zu können. Dabei aß man Schnittchen und trank „teutschen Thee", von Ahlstedt abschätzig „Brühe" genannt. „Frau Toni", die eigentliche Gastgeberin, soll zur Mandoline gegriffen und Grotesktänze aus ihrer Zeit auf der Bühne zum Besten gegeben haben – „lebhaft wie ein junges Mädchen".[75] Vermutlich verwechselte Ahlstedt hier aber Toni Ebel mit Charlotte Charlaque, denn sie war es ja, die einst als Tänzerin aufgetreten war.

„Fräulein Lola" wurde, so Ahlstedt, erst im Laufe des Abends etwas gesprächiger. Obwohl sie anfangs behauptet hatte, sie sei seit ihrer Operation vollkommen glücklich, soll sie später gestanden haben, dass ihr doch etwas fehle: „Sie sehnt sich nach einem Kind, das Fleisch von ihrem Fleisch ist und Blut von ihrem Blut, ein Kind, das sie selbst zur Welt gebracht hat."[76] Im Übrigen habe Charlotte Charlaque eingeräumt, von Toni Ebel finanziell abhängig zu sein. „Frau Toni" nahm ihre Freundin im Zuge des Gesprächs ein wenig auf den Arm und neckte sie, sie sei wohl in ihren Operateur Felix Abraham verliebt. „Als wenn nicht alle seine Patienten das wären", soll Charlotte Charlaque geantwortet haben, „und wenn du es selbst nicht bist, solltest du dich schämen."[77] Zur Identität der beiden Freunde Toni Ebels und Charlotte Charlaques bieten die rudimentären Angaben Ahlstedts kaum weiterführende Hinweise. Die 27-jährige Felicitas soll erzählt haben, dass sie als Mann vier Jahre als Polizist tätig gewesen sei, bevor sie den Dienst quittierte und mit ihrem Elternhaus brach. Sie sei in der Hoffnung nach Berlin gekommen, hier operiert zu werden, doch hätte sich diese Hoffnung im Zuge der Machtübernahme der Nationalsozialisten zerschlagen. Der junge Fritz schwieg sich über seinen Lebensweg wohl vor allem deshalb aus, weil er kein Deutsch sprach. Er soll allerdings in „Fräulein Lola“ verliebt gewesen sein. Offenbar war „Frau Toni“ Fritz sehr zugetan, sie behauptete scherzend, sie habe ihn sozusagen adoptiert.

Abb. 12: Toni Ebel, Charlotte Charlaque, Fritz und Felicitas an einer Berliner Straßenecke. Foto von Ragnar Ahlstedt 1933

In einem kurzen Artikel, den Charlotte Charlaque nach dem Zweiten Weltkrieg veröffentlichte, erwähnte sie neben Lili Elbe, Dora Richter und Toni Ebel einen weiteren Fall von Geschlechtsangleichung, den sie aus ihrer Berliner Zeit kannte: Herbert Haase sei ein angesagter Modeschneider gewesen und habe sich nach der geschlechtsangleichenden Operation Hertha Haase genannt.[78] Gerade den „Fall Haase“ habe Magnus Hirschfeld seinerzeit als seinen „größten Triumph“ erlebt, weil die Patientin unter der „Schutzherrschaft“ der SPD operiert worden sei.[79] Hier habe die deutsche Regierung Hirschfelds Theorien voll und ganz akzeptiert und unterstützt. In einem Gespräch mit Christine Jorgensen bzw. deren Biografin Irmis Johnson und im Kontakt mit Harry Benjamin nannte Charlotte Charlaque Mitte der 1950er Jahre dann drei weitere Fälle geschlechtsangleichender Operationen, den einer niederländischen Pianistin namens Lotte Engleman, den eines ehemaligen amerikanischen Damendarstellers, der als Martin Case aufgewachsen war, später aber Marina Case hieß, und den einer Dresdener Pensionsinhaberin namens Ruth Fischer-Freund. Bislang haben sich zu diesen Persönlichkeiten noch keine biografischen Angaben ermitteln lassen, und es ist überhaupt fraglich, ob das je gelingen wird. Bei Namen war Charlotte Charlaque nie sehr zuverlässig. Im Falle von Toni (alias Arno) Ebel, Dora (Rudolph) Richter und Hertha (Herbert) Haase sprach sie auch von „Arno Engel“, „Albert Richter“ und „Herbert Hauser“ – möglicherweise um sie vor einer gesellschaftlichen Bloßstellung zu schützen.

Auf der Flucht

Was genau Charlotte Charlaque und Toni Ebel im Frühjahr 1934 bewog, Deutschland zu verlassen, ist heute nicht bekannt. Offenbar lagen politische Motive hinter der Entscheidung. Als Ragnar Ahlstedt „Fräulein Lola", „Frau Toni", Fritz und Felix alias Felicitas in Berlin kennenlernte, wurde er Zeuge davon, wie die vier plötzlich aus vollem Hals die „Marseillaise" sangen. Gleich darauf stimmten sie eine „noch riskantere Melodie" an, so Ahlstedt, woraufhin dieser besorgt zum halboffenen Fenster schlich und befürchtete, die Nachbarn könnten sogleich lautstark an der Tür hämmern.[80] Gemeint war vermutlich die „Internationale". Toni Ebel behauptete später nur, sie und ihre Freundin Charlotte seien mehrfach von ihrer Umgebung belästigt worden. Sie verstand sich selbst von jeher als „proletarische Malerin".[81] 1925 war sie Mitglied der Unabhängigen Sozialdemokratischen Partei Deutschlands (USPD) geworden, und bei der Reichstagswahl im März 1933 wählte sie die Kommunistische Partei Deutschlands (KPD). Bei der Plünderung des Instituts für Sexualwissenschaft am 6. Mai 1933, die den Auftakt für die Bücherverbrennung auf dem Opernplatz vier Tage später bilden sollte, wurden auch etliche Gemälde und Zeichnungen Ebels zerstört. Charlotte

Charlaque war bekennende Jüdin, und noch im Januar trat Toni Ebel zum Judentum über.

Auch Charlaque scheint sozialistische Einstellungen gehabt zu haben. Noch 1947 schrieb sie an Toni Ebel aus New York: „Alle sind wir gleich, es hat keiner das Recht, besser zu leben als sein Mitmensch. Kunst ist für die Masse, nicht für den Geldmenschen. Der Staat hat das Geld zu haben und für den Einzelnen zu sorgen, ob krank oder gesund, ob Künstler oder Arbeiter, das ist mein Credo."[82] In einem Interview mit der Dänin Inga Junghanns bezeichnete sie 1932 die politische Kursänderung in Deutschland als eine Katastrophe. Die soziale Not im Land sei groß und das Programm der NSDAP für viele eine Art neue Religion, nach der sie wie nach dem letzten Strohhalm griffen. Charlaque sprach von einem Rückschritt zur Reaktion, zum Katholizismus und zum Nationalismus – und von wohl kommenden schicksalhaften Konflikten zwischen Deutschland und den anderen Großmächten.[83]

Hinzu mögen Anfeindungen wegen ihres kurz zuvor erfolgten Geschlechtsangleichung von Seiten Bekannter und ihrer Nachbarn und Nachbarinnen gekommen sein. Als ihre letzte Adresse in Deutschland gab Toni Ebel später die Joachimsthaler Straße 20 an. Allem Anschein nach wohnten sie und Charlotte Charlaque um diese Zeit nicht ständig zusammen. Nachdem die beiden Frauen von einer Halbschwester Ebels gewarnt wurden, sie würden beobachtet, flüchteten sie mit Hilfe der Jüdischen Gemeinde in Berlin im Mai 1934 nach Fischern (Rybáře), einem Ortsteil von Karlsbad in der damaligen Tschechoslowakei. Hier wohnten sie nach eigenen Angaben zunächst bei einer Bekannten. Als offiziellen Grund für ihren Umzug gab Toni Ebel später das „Studium der Malerkunst“ an, und während sie selbst Bilder für Kurgäste malte, erteilte Charlotte Charlaque Englisch- und Französischunterricht. Da Ebel nach wie vor ihre Rente von der Reichsversicherungsanstalt in Deutschland erhielt und das Leben in der Tschechoslowakei vergleichsweise günstig war, konnten die beiden Frauen eine Zeit lang in relativem Frieden leben.[84]

Die Tschechoslowakei war ab 1933 eine Drehscheibe der deutschsprachigen Emigration, aber möglicherweise wählten Charlotte Charlaque und Toni Ebel gerade deshalb Karlsbad als ihren Zufluchtsort, weil Dora Richter hier zuvor gewohnt hatte. Vielleicht flohen die drei Frauen sogar zu dritt nach Böhmen. Insbesondere über den weiteren Verbleib Dora Richters nach 1933 ist heute jedoch nichts bekannt. Charlotte Charlaque behauptete über zwanzig Jahre später, Richter sei in Karlsbad geboren worden: „Weil sie eine ausgezeichnete Köchin ist, übernahm sie bald ein kleines Restaurant in ihrer Geburtsstadt."[85] Insofern Charlaque hier das Präsens verwendete, ging sie vielleicht nach wie vor davon aus, dass Richter noch lebte.

Im Spätsommer 1934 zogen Charlotte Charlaque und Toni Ebel nach Prag, wo sie Kontakt mit dem „Emigranten-Komitee" der Sozialdemokratischen Partei (SPD) aufnahmen. Sie wohnten jetzt vorübergehend bei der früheren Schneiderin Ludmila Bechyňová (1858–1940), die ein Zimmer ihrer Zweizimmerwohnung unter der Adresse Kampa 8 vermietete, um über die Runden zu kommen. Aber da die Stadt Charlotte Charlaque und Toni Ebel nicht zusagte, kehrten sie zum Jahresende nach Karlsbad zurück und bezogen dort Quartier im Hotel Saxonia in der Hirschsprungzeile (Jelení skok). In Prag habe es überall von Emigranten und Emigrantinnen gewimmelt, behaupteten sie später, die Hilfskomitees seien überlastet gewesen, und die Lage in der tschechoslowakischen Hauptstadt erschien ihnen aussichtslos.

Im November 1936 ließen sie sich schließlich in Brünn nieder, wo sie bis zum Sommer 1939 unter verschiedenen Adressen blieben. Dass die beiden Frauen zusammenlebten, begründeten sie gegenüber offiziellen Stellen damit, dass Toni Ebel krank sei und „Lola Scharlach", ihre Freundin, sie pflege. Gleichwohl galt Toni Ebel in Brünn bald als „ungebetene Ausländerin".

Die Behörden glaubten ihr die Krankheit nicht, und es hieß, die beiden Frauen besuchten oft Nachtlokale, in denen sie viel Geld verschwendeten, was ihrem Einkommen nicht entspreche.[86]

Abb. 13: Karl Giese und Magnus Hirschfeld, 1932

In Brünn standen die zwei auch in Verbindung mit Karl Giese, Magnus Hirschfelds Geliebtem und früherem Archivar im Institut für Sexualwissenschaft. Als sich Magnus Hirschfeld 1931 auf eine Weltreise begab, von der er nie wieder nach Deutschland zurückkehren sollte, war Giese als sein Sachwalter und Interessensvertreter in Berlin zurückgeblieben. Unmittelbar nach der Plünderung des Instituts verließ aber auch er Berlin und reiste zunächst in die Schweiz, wo Hirschfeld seit einigen Monaten zusammen mit seinem neuen Lebensgefährten Li Shiu Tong, genannt Tao Li (1907–1993), wohnte. Im Sommer 1933 kam Giese zum ersten Mal nach Brünn, zog von dort jedoch nach Paris, wo ihm im Frühjahr des folgenden Jahres eine „Badeanstaltsaffäre" zum Verhängnis wurde. Weil er in einer öffentlichen Badeanstalt Sex mit einem anderen Mann gehabt hatte, wurde er unter der Anklage „Erregung öffentlichen Ärgernisses" zu einer Haftstrafe verurteilt. Anschließend wurde seine Aufenthaltsgenehmigung in Frankreich nicht verlängert. Im Sommer 1936 – ein Jahr nach Hirschfelds Tod in Nizza – kehrte er von Wien aus nach Brünn zurück.

Da ihm als Erben aus dem Nachlass Magnus Hirschfelds eine beträchtliche Geldsumme ausgezahlt worden war, brauchte er sich keine Sorgen um seinen Lebensunterhalt zu machen und schien komfortabel leben zu können. Doch er litt an Depressionen und hatte das Gefühl, am Rande eines Vulkans zu wandern. Der sogenannte Anschluss Österreichs an das Deutsche Reich war schließlich der direkte Anlass dafür, dass sich Giese am 16. März 1938 das Leben nahm. Angesichts der aggressiven Politik Nazideutschlands nach innen wie nach außen befürchtete er, dass der Einmarsch der deutschen Wehrmacht in die Tschechoslowakei unmittelbar bevorstünde. Bekannt ist, dass

Giese in den letzten Monaten seines Lebens bevorzugt englischsprachige Literatur las, was möglicherweise darauf hindeutet, dass er nach England oder in die USA auswandern wollte. Möglicherweise nahm er auch Sprachunterricht bei Charlotte Charlaque. Sie behauptete später jedenfalls, noch wenige Tage vor Gieses Selbstmord mit ihm über Magnus Hirschfeld, dessen Lebensende und letzten Publikationsabsichten gesprochen zu haben.[87]

Schon einige Monate vor dem Einmarsch der Wehrmacht in die Tschechoslowakei und der Errichtung des Protektorats Böhmen und Mähren im Frühjahr 1939 spitzten sich die Verhältnisse für Charlotte Charlaque und Toni Ebel zu. Ebel zufolge fing jetzt der gemeinsame Leidensweg der zwei Frauen an. Der Auslöser dürfte darin bestanden haben, dass Ebels deutscher Pass von 1933 abgelaufen war. Die Freundinnen wurden aufgefordert, sich alle vierzehn Tage bei der Polizei zu melden. Bei ihnen wurden Haussuchungen durchgeführt, und ihnen wurde schließlich nahegelegt, die Stadt zu verlassen. Da zufälligerweise ein Mitarbeiter des Deutschen Konsulats bei Charlotte Charlaque Englischunterricht nahm, beschaffte dieser Toni Ebel Ende 1938 einen neuen Pass, der zunächst nur für ein Jahr gültig war, aber später bis 1943 verlängert wurde. Laut diesem Pass war Toni Ebel wieder evangelisch. Es gab hier keinen Hinweis auf ihre jüdische Religionszugehörigkeit mehr, und vermutlich fühlte sie sich zumindest in dieser Hinsicht vorerst gerettet. Im März 1939 zogen Charlotte Charlaque und Toni Ebel nach Prag, weil die Stadt in ihren Augen „tschechischer" und weniger „deutsch" als Brünn war.[88] Hier konnten sie leichter untertauchen. Sie wohnten zunächst zur Untermiete bei dem Kapellmeister und Varietékünstler Hugo Hostovský (1875–1939) und dessen Frau Gisela (geb. 1881) in der Vinohradská 6a, zogen aber bald von dort in eine eigene Wohnung an den Velkopřevorské náměstí 7.

Auch in Prag unterrichtete Charlotte Charlaque Englisch und Französisch, vermutlich vornehmlich für jüdische Schüler und Schülerinnen, die zu emigrieren beabsichtigten. Nach eigenen Angaben verhalfen die beiden Frauen Bekannten, nach Amerika zu entkommen. Charlotte Charlaque erledigte hierfür den notwendigen Schriftverkehr. Einem späteren Zeitungsartikel zufolge soll sie auch zwei jüdische Schauspieler, die von den Nazis verfolgt wurden, bei sich versteckt haben.[89] An ihre Wohnungstür hängte sie kurzerhand eine große amerikanische Flagge und ein Schild mit der Aufschrift „Nicht stören!". Daneben gab sie Schauspielunterricht und arbeitete als Übersetzerin. So übertrug sie um 1941 mindestens drei

Bühnenwerke der tschechischen Schriftstellerin Olga Scheinpflugová (1902–1968) ins Englische, die 1935 den tschechischen Schriftsteller Karel Čapek (1890–1938) geheiratet hatte. Bei ihren Übersetzungen handelte es sich um die Schauspiele *Chladné světlo* (The Cold Light), *Láska není všecko* (Love is not everything) und *Pan Grünfeld a strašidla* (Mr. Greenfeld and the Ghosts). In den USA schloss Charlaque später auch die Arbeiten an der Übersetzung von Olga Scheinplugovás Drama *Guyana* ab, möglicherweise wurde diese Übersetzung aber von Scheinpflugová nie autorisiert.

Unbekannt ist, aus welcher Sprache Charlotte Charlaque diese Schauspiele übersetzte. Als sie 1942 festgenommen wurde, hieß es, sie spreche zwar Deutsch, Englisch und Französisch. Von Tschechisch war in den Unterlagen aber keine Rede. Noch 1939 bat sie die Prager Landesbehörde um Verständnis dafür, dass sie ihr eingereichtes Gesuch um Passverlängerung wegen mangelnder Tschechischkenntnisse nicht in der Landessprache abgefasst habe. Nach dem Zweiten Weltkrieg korrespondierte Charlotte Charlaque mit Olga Scheinpflugová auf Englisch. Ihre Briefe waren immer wieder mit französischen Floskeln durchsetzt, tragen jedoch keine Spuren von tschechischen Sprachkenntnissen.

Abb. 14: Charlotte Charlaque um 1940. Passbild

Charlotte Charlaque hatte ähnliche Passprobleme wie Toni Ebel. Sie galt zwischenzeitlich als staatenlos und besaß ab dem 2. März 1939 einen provisorischen tschechoslowakischen Reisepass, der noch von der Brünner Polizeidirektion ausgestellt, aber nur für ein halbes Jahr gültig war. Im Sommer 1940 beantragte Charlaque wiederholt eine Aufenthaltsgenehmigung für Prag, und im Herbst des Jahres wurden die tschechischen Behörden von der deutschen Zentraladministration im Protektorat angewiesen, ihr einen neuen Ausweis auszustellen. Im Rahmen der Behördenkorrespondenz gab Charlotte Charlaque mal an, sie sei römisch-katholischer Konfession, mal „ohne Religion". Einmal behauptete sie, ihr Vater sei zwar Jude, aber ihre Mutter katholisch gewesen, ein anderes Mal behauptete sie, ihr Vater sei ein „orthodoxer Russe aus Petersburg", ihre Mutter hingegen eine „Französin röm.-kath. Glaubensbekenntnisses" aus Straßburg gewesen.[90] Über die „Rassenzugehörigkeit" ihrer verstorbenen Eltern könne sie im Übrigen keine Angaben machen. Sie gehe jedoch davon aus, dass beide „arischer Herkunft" gewesen seien. Eine Geburtsurkunde besitze sie nicht. Schon Mitte 1939 ermittelten aber die Prager Behörden in der Frage, ob Charlotte Charlaque nicht vielmehr „Volljüdin" sei, und sie wollten wissen, warum sie ihre Staatsangehörigkeit verloren habe.

Am 19. März 1942 – Charlaque und Ebel feierten um diese Zeit gerade den zehnten Jahrestag ihres „Zusammenseins“ bzw. ihrer Geschlechtsangleichung – wurde Charlotte Charlaque plötzlich von der Prager Fremdenpolizei verhaftet, weil die Behörden in Erfahrung gebracht hatten, dass sie Jüdin war. Die Verhaftung soll mittags gegen 1 Uhr erfolgt sein, Charlotte Charlaque und Toni Ebel saßen gerade beim Essen. Ebel begleitete ihre Freundin anschließend zur Polizeiwache in der Na Perštýně und wurde dort Zeugin davon, dass etwa einhundert Personen, „alles ausländische Juden“, aufgegriffen worden waren.[91] Am Abend wurde Charlotte Charlaque in das Gefängnis der Sicherheitsabteilung überstellt, sie erhielt die Häftlingsnummer 2391 und wurde in einer Zelle untergebracht. Zweifel an ihrer Weiblichkeit kamen offenbar nicht auf.

Ursprünglich sollte Charlotte Charlaque in Theresienstadt interniert werden, eine entsprechende Karteikarte mit der Nummer 49572 war für sie schon angelegt. Beinahe hätte die Geschichte sie nach der Flucht aus dem nationalsozialistischen Deutschland in Form der deutschen Besatzer eingeholt. Doch gelang es Toni Ebel, den Schweizer Konsul in Prag, der die Vertretung für den amerikanischen Konsul innehatte, davon zu überzeugen, dass ihre Freundin amerikanische Staatsbürgerin sei. Charlotte Charlaque habe sämtliche Unterlagen dem amerikanischen Vizekonsul Theodore Hohenthal (1905–1977) in Wien übergeben und warte lediglich auf einen neuen Pass, behauptete sie.[92] Dass Hohenthal sich geweigert hatte, den Pass auf einen weiblichen Namen auszustellen und damit Charlaques Weiblichkeit anzuerkennen, verschwieg sie dabei. Charlotte Charlaque wurde daraufhin in das Internierungslager Liebenau, das 1940 in einer ehemaligen Heilanstalt bei Tettnang im Bodenseekreis eingerichtet worden war, überführt. Hier wurden nicht-deutsche Frauen und Kinder aus dem gesamten Deutschen Reich bzw. den von der Wehrmacht besetzten Gebieten interniert, die für den Austausch gegen Amerikanerinnen und Britinnen deutscher Herkunft vorgesehen waren. Im Mai 1942 erfuhr Toni Ebel, dass Charlotte Charlaque nach Amerika verbracht werden solle. Die internierte Freundin musste ihre Sachen packen und unter Eid versichern, dass sie nichts zurückbehalten habe.

Charlotte Charlaque erreichte New York schließlich an Bord des Dampfschiffs Drottningholm der schwedischen Amerikalinie von Lissabon kommend am 2. Juli 1942. Ursprünglich hatte Toni Ebel geplant, ihrer Freundin in die USA zu folgen, doch da sie keinen Bürgen in Lissabon stellen konnte, wurde ihr vom

Abb. 15: Das Dampfschiff Drottningholm der Svenska Amerikalinjen. Bildpostkarte, undatiert

Prager Landrat die Ausreise nach Portugal nicht genehmigt. Für sie begann nun eine schwere Zeit: „Es war mir tagelang unmöglich zu arbeiten, mein Liebstes war nicht mehr bei mir", schrieb sie später.[93] Der Transport Charlotte Charlaques nach Amerika erfolgte unter der Auflage, dass sie nichts über ihre Erlebnisse verlauten lasse: Wenn sie mit jemandem darüber spreche, werde man Toni Ebel „um die Ecke bringen", wurde ihr in Liebenau offenbar von der Lagerleitung gedroht.[94] An Olga Scheinpflugová schrieb Charlotte Charlaque Anfang 1948: „Natürlich wollte ich nicht, dass Toni oder sonst jemand leiden solle. Mais maintenant c'est fini, das Morden ist vorüber, die Zeiten sind normal, auch im Theater."[95]

Abb. 16: Josef Brück:
Porträt der Malerin Toni Ebel, 1952

Nach mehreren Versuchen, etwas über den Verbleib ihrer Freundin in Erfahrung zu bringen, erreichte Toni Ebel im September 1943 über das Rote Kreuz die Nachricht, Charlotte Charlaque wohne in New York und sei bei guter Gesundheit. Sie selbst wurde um diese Zeit mehrmals von der Gestapo vorgeladen, aber nicht festgenommen. Erst Anfang Mai 1945 wurde sie als Deutsche in der Tschechoslowakei interniert, und einen Monat später musste sie unter Zurücklassung all ihrer Habe das Land verlassen. Sie wurde zur deutschen Grenze verbracht, lief von dort zu Fuß bis nach Cottbus und bekam schließlich die Erlaubnis, auf einem Kohlenzug mit nach Berlin zu fahren. Unterwegs musste sie betteln. Am 22. Juni 1945 erreichte sie ihre Geburtsstadt. Hier wurde sie bald vom Hauptausschuss Opfer des Faschismus (OdF) als „rassisch" Verfolgte anerkannt und konnte sich allmählich eine neue Existenz als Malerin aufbauen. Ab etwa Mitte der 1950er Jahre wohnte sie in einer Atelierwohnung am Strausberger Platz (Friedrichshain), und hier erhielt sie mindestens einmal auch Besuch von Adelheid Schulz, der ehemaligen Haushälterin im Institut für Sexualwissenschaft. In Artikeln, die aus Anlass ihrer runden Geburtstage oder von Ausstellungen in der Presse der ehemaligen DDR erschienen, wurde Ebel wiederholt als temperamentvolle Frau beschrieben, die „verschmitzt" und „burschikos" sei – und mit tiefer Stimme spreche.[96] Ihre Weiblichkeit wurde dabei nie in Frage gestellt. Toni Ebel starb am 9. Juni 1961 in Ost-Berlin.

„Königin der Brooklyn Heights Promenade"

Charlotte Charlaque musste sich Mitte 1942 in New York eingehenden Formalitäten der amerikanischen Einwanderungsbehörden unterwerfen. An Toni Ebel schrieb sie: „Ärztliche Untersuchung usw. Dieses dauerte genau zwei Wochen. Dann wurde mir das Recht auf den Namen, Charlotte Curtis Charlaque, zugesprochen."[97] Da sie kein Geld hatte, nahm sich das Rote Kreuz ihrer an und brachte sie vorübergehend in einem Armenhaus unter. Anschließend lebte Charlotte Charlaque in eher prekären Verhältnissen unter der Adresse 20 Leroy Street in Greenwich Village. Seit ihrer Rückkehr in die USA empfing sie Armengeld in Höhe von 35 Dollar monatlich, musste von diesem Betrag aber auch 20 Dollar Miete zahlen. Folglich hatte sie zeitweise nur 50 Cent pro Tag für Lebensmittel übrig. Erst als sie eines Tages auf der Straße zusammengebrochen und in ein Krankenhaus gebracht worden war, besserte sich ihre Situation etwas. Ihr Fall wurde geprüft, und auf Empfehlung einer Ärztin wurde ihr eine Arbeit zugewiesen, für die sie knapp 83 Dollar monatlich erhielt. Drei Stunden täglich übersetzte sie nun Annoncen und andere Texte aus dem Deutschen

Abb. 17: Das Haus Leroy Street im Frühjahr 2014.
Foto von Tom Miller, New York

ins Englische und umgekehrt. Später arbeitete sie zeitweise in der Telefonzentrale eines New Yorker Hotels.

Gesundheitlich war Charlotte Charlaque in der unmittelbaren Nachkriegszeit in mehrfacher Hinsicht angeschlagen. Weil sie so stark zitterte, konnte sie keine langen Briefe mehr mit der Hand schreiben, ihre Gallenblase war entzündet, und sie hatte ein Magengeschwür. Von ihrem Hausarzt wurde sie schließlich zu einem chronischen Fall erklärt und von der Arbeit befreit. Eine Kur „á la Karlsbad“, etwa in Saratoga Springs, konnte sie sich allerdings nicht leisten, da sie diese ohne Krankenversicherung hätte privat zahlen müssen. Zu alledem litt sie an Einsamkeit. An Toni Ebel schrieb Charlotte Charlaque, dass sie in New York keine Freunde habe, denn ihr fehlten die finanziellen Mittel, um „in die Kreise der Intellektuellen einzudringen. Die gewöhnlichen Leute aber sind so stupid, dass sie mich nicht begreifen, sowie ich auch sie nicht. Darum gab ich es auf.“[98] Aus den Zeilen spricht eine gewisse Überheblichkeit, die irritiert. Die kategorisch gewählten, abfälligen Worte spiegeln die Entfremdung wider, welche die Remigrantin in Amerika verspürt haben muss. Aber sie können auch als Ausdruck der Verzweiflung angesichts des eigenen Unvermögens, den „kulturellen Code“ einer neuen Umgebung zu knacken, gelesen werden.

In einem anderen Brief behauptete Charlotte Charlaque, sie habe keinen Menschen, mit dem sie ein Wort wechseln oder über Dinge sprechen könne, die ihr nahe lägen. Vor diesem Hintergrund ist fraglich, ob Charlotte Charlaque in der Nachkriegszeit Kontakt mit ihrer Stiefmutter Julia Scharlach oder ihren beiden Halbbrüdern in Kalifornien unterhielt. Zwar hegte sie nach dem Zweiten Weltkrieg den Wunsch, nach Deutschland zurückzukehren. Doch fehlten ihr die finanziellen Mittel dazu, außerdem plagten sie Zweifel politischer Art. In einem Brief an Toni Ebel teilte sie im Sommer 1947 mit, dass sie in New York kurz zuvor zwei deutsche Frauen kennengelernt habe. Diese hätten über das „neue" Deutschland geschimpft und Hitler und den Nationalsozialismus als „von Gott gewollt" erklärt. Entsetzt fragte Charlotte Charlaque: „Sage, Toni, denkt man so bei euch drüben? Ist das die Stimmung des Volkes?" Als „Nichtarierin" könne sie unter solchen Umständen natürlich nie daran denken, nach Deutschland zurückzukehren. „Hat das Volk drüben denn noch nicht eingesehen, was es gemacht hat, indem es den Barbaren zwölf Jahre freien Lauf ließ?"[99]

Entgegen ihren Beteuerungen gelang es Charlotte Charlaque in den USA gleichwohl recht schnell, Kontakt zu künstlerischen Kreisen aufzunehmen. Schon am 25. Dezember 1942 berichtete die New Yorker *Daily News*, Charlaque trete im Village Art Theatre in der Charles Street in der Show *A Night of Classical and Modern Drama* auf. Ein paar Jahre später setzte Charlotte Charlaque ihre Hoffnungen in das Théâtre Français de New York, für das sie ab Winter 1947 tätig werden wollte. Geld erwartete sie von ihren Auftritten nicht. Es ging ihr nach eigenem Bekunden vielmehr um die Liebe zur Kunst. Ein paar Dollar verdiente sich Charlotte Charlaque allerdings durch die Betreuung junger Schauspieler und Schauspielerinnen hinzu, und um den Jahreswechsel 1947/48 wandte sie sich erneut an Olga Scheinpflugová, weil sie eine Theatergruppe am Broadway gefunden hatte, die sich für deren Stück *Guyana* interessierte und es in der folgenden Saison aufführen wollte. Sie selbst hatte das Stück bereits ins Englische übersetzt. Es scheint aber, dass sich Scheinpflugová dem Ansinnen Charlotte Charlaques verweigerte, da sie darauf bestand, dass auch für eine amerikanische Aufführung ihres Dramas die Übersetzung des Engländers Percy Selver (1878–1970) verwendet werde. Vermutlich verlief das Projekt damit im Sande.

Als die 26-jährige US-Amerikanerin Christine Jorgensen am 12. Februar 1953 von einer Europareise in die USA zurückkehrte, wurde sie am New Yorker Flughafen von zahlreichen Schaulustigen und Journalisten empfangen. Auch in den Jahren darauf war sie medial sehr präsent. Alle wollten den „Jungen aus der Bronx" sehen, der „zu einem Mädchen geworden" war. Die

Abb. 18: Christine Jorgensen, 1954.
Foto von Maurice Seymour, New York

„blonde Schönheit" Jorgensen war unter ihrem bürgerlichen Namen George William Jorgensen Jr. beim Militär angestellt gewesen, bevor sie sich in Dänemark einer geschlechtsangleichenden Behandlung unterzog.

Solche Maßnahmen waren damals in den USA nach wie vor nicht möglich. In der Folge gab Jorgensen Interviews, spielte in Theaterproduktionen mit und tourte mit einer eigenen Show durch die Vereinigten Staaten. Bereits die Titelseite der New Yorker Zeitung *Daily News* und deren Schlagzeile „Ex-GI becomes blonde beauty" am 1. Dezember 1952 hatten zu großer Aufmerksamkeit geführt. Offensichtlich berührt und ermuntert durch die positive Berichterstattung in den amerikanischen Medien wandte sich Charlotte Charlaque um den Jahreswechsel 1952/53 brieflich an die Eltern Jorgensens und gratulierte ihnen zu ihrer „mutigen und aufgeschlossenen Haltung". Sie teilte mit, dass sie über zwanzig Jahre zuvor eine ähnliche „körperliche Anpassung" im Zuge von Operationen durchgemacht habe wie Christine Jorgensen, fügte ein Foto von sich bei und bat, Jorgensen möge sich bei Interesse mit ihr in Verbindung setzen.[100]

Einige Wochen später schrieb Charlotte Charlaque auch an Christine Jorgensen selbst und wiederholte ihre Bitte: „Zwei so ähnliche Fälle, wie wir es sind, sollten einander kennen, nicht wahr?"[101] Sie unterstrich in ihrem neuerlichen Brief, es sei sehr mutig von Jorgensen, dass sie der Presse ihr „Geheimnis" anvertraue. Schließlich helfe sie dadurch tausenden anderen. Später bekannte sie Jorgensen gegenüber, sie wäre stolz, wenn diese ihre Tochter wäre. Wie oft die beiden Frauen sich getroffen haben, ist heute aber nicht bekannt. Erhalten sind einige stichwortartige Aufzeichnungen zu einem Interview mit Charlotte Charlaque, die entweder Christine Jorgensen selbst oder die Journalistin Irmis Johnson (1900–1995) am 12. Oktober 1955 gemacht hat. Sie sind jedoch nicht sehr substanziell – und irritieren in ihrer Zuspitzung wie in ihrer bisweilen oberflächlichen, saloppen Art, bzw. sind einfach falsch. So soll zwar Charlotte Charlaque erklärt haben, Magnus Hirschfeld habe seinerzeit niemanden „feminisiert", der nicht schon „von Natur aus feminin" gewesen wäre, doch behauptete sie auch, Hirschfelds „Projekt" sei einst aus der Tatsache erwachsen, dass die deutschen Frauen nach dem Ersten Weltkrieg so „unattraktiv" („frumpy") gewesen seien, dass die Männer sich hübschen jungen Burschen zugewandt hätten. Es folgt der wohl von der Interviewerin notierte Zusatz: „Hierzu weitere Erklärungen nötig."[102]

Um diese Zeit fühlte sich Charlotte Charlaque berufen, auch öffentlich zu dem Thema geschlechtsangleichende Operationen Stellung zu nehmen, allerdings ohne mitzuteilen, dass sie sich selbst solchen Eingriffen unterzogen hatte. In dem Beitrag „Reflections on the Christine Jorgensen case", den sie unter dem Namen „Carlotta Baronin von Curtius" im März

1955 in der Zeitschrift *One* veröffentlichte, betonte sie, es gebe wie bekannt nichts Neues unter der Sonne, und verwies auf die vier Fälle genitalchirurgischer Maßnahmen, die sie aus ihrer Berliner Zeit kannte: Dora Richter, Toni Ebel, Hertha Haase und Lili Elbe, nannte sie aber zum Teil bei falschem Namen. Keine dieser Personen sei ein „heterosexueller Transvestit" gewesen, schließlich könne ein „Geschlechtswechsel" („resexation") nur bei Menschen durchgeführt werden, deren gefühlsmäßiges Geschlechtsleben dem des angestrebten Geschlechts entspreche. Das sei etwa bei einem als feminin wahrgenommenen Mann, der Männer begehrt, der Fall. „Aber wenn der Psychiater, der immer zuerst konsultiert werden muss, entdeckt, dass die Person, die den Wechsel wünscht, normale oder auch nur annähernd normale sexuelle Empfindungen hat, wird er der Operation nicht zustimmen."[103] Charlotte Charlaque lobte in ihrem Beitrag Christine Jorgensen für den Schritt zur Operation, den sie unternommen hatte und den nach Meinung Charlaques jede sogenannte „Zwischenstufe" tun sollte. Doch distanzierte sie sich entschieden davon, dass Jorgensen öffentlich „Werbung" in eigener Sache gemacht hatte. Die Publizität würde ihre Chancen, ein erfülltes und befriedigendes Leben als Frau zu führen, unweigerlich reduzieren. Es sei die Chirurgie gewesen, die Jorgensen der „Lächerlichkeit" in den Augen der Welt enthoben habe. „Das allein hätte ihr mehr wert sein sollen als das ganze Geld, das sie nun möglicherweise angehäuft hat."[104]

Ab etwa 1956 wohnte Charlotte Charlaque unter der Adresse 57 Middagh Street in Brooklyn Heights. Der New Yorker Stadtteil, direkt gegenüber der Südspitze Manhattans am East River gelegen, war in der Nachkriegszeit ein Refugium, das bei Künstlern und Künstlerinnen sowie Homosexuellen gleichermaßen beliebt war. Hier wohnten zeitweise Truman Capote, Norman Mailer und Arthur Miller, aber auch Carson McCullers, Benjamin Britten und Bob Dylan. Charlotte Charlaque lebte in Brooklyn Heights allerdings am Rande des Existenzminimums. Sie setzte sich deshalb hilfesuchend wieder in Verbindung mit Harry Benjamin, der jetzt in San Francisco praktizierte. Benjamin versorgte Charlaque zwar mit Hormontabletten, doch da sie New York verlassen wollte, um nach Kalifornien zu ziehen, bat sie ihn auch um Unterstützung bei der Jobsuche. Aus Zeitgründen konnte Benjamin diesem Wunsch nicht nachkommen. Er verwies aber Charlaque an das deutsche Konsulat und die deutsche Touristeninformation in San Francisco, die neue Mitarbeiter und Mitarbeiterinnen mit Fremdsprachen- und Schreibmaschinenkenntnissen suchten. Offensichtlich ermunterte Benjamin seine Briefpartnerin auch, ihre Geschichte öffentlich zu erzählen, um mit dieser ähnlich wie Christine Jorgensen Geld zu verdienen, doch lehnte sie ab. Er empfahl ihr schließlich, Kontakt mit der Zeitschrift *Sexology* und deren Verleger, dem gebürtigen Luxemburger Hugo Gernsback (geboren als Hugo Gernsbacher, 1884–1967), aufzunehmen. Vermutlich hat aber Charlotte Charlaque auch diesen Schritt unterlassen, da *Sexology* seinerzeit auch Leser und Leserinnen, die eine operative Geschlechtsangleichung anstrebten, nicht gerade unterstützt hat. Im Gegenteil. Die Zeitschrift riet vor solchen Operationen sogar ab.[105]

Belegt ist, dass Charlotte Charlaque in den 1950er Jahren ebenfalls mit Louise Lawrence (1912–1976) in Kalifornien im Austausch stand. Zwar nahm Lawrence ähnlich wie Charlaque weibliche Hormone ein, die Harry Benjamin ihr verschrieben hatte, doch strebte sie keine geschlechtsangleichende Operation an. Sie verstand sich als „Crossdresserin“. 1948 hatte sie den amerikanischen Sexualforscher Alfred Kinsey (1894–1956) kennengelernt, für den sie bald Lebensgeschichten von Transvestiten und Crossdressern beider Geschlechter sammelte und aufzeichnete. Lawrence war seinerzeit eine Art „Schaltstelle“ eines „transsexuellen“ Netzwerkes in den USA, ihr Kontakt mit Charlotte Charlaque scheint aber nicht sehr eng gewesen zu sein.[106] Jedenfalls klagte diese Harry Benjamin gegenüber, Lawrence schweige sich darüber aus, ob sie demnächst mal wieder an die Ostküste komme. Charlaque hatte ihr angeboten, in dem Fall mit ihr zusammen nach Kalifornien zurückzufahren, um sich die Fahrtkosten zu teilen, und sie vermutete, Lawrence halte sich bedeckt, weil sie befürchtete, sie dann „am Hals" zu haben.[107]

1959 schloss sich Charlotte Charlaque schließlich dem Chamber Theatre in Brooklyn an, aus dem sich später das Theatre on the Heights entwickelte. Am 6. Februar 1960 trat sie in der Produktion *Mademoiselle Colombe* nach Jean Anouilh auf, und der Kritiker der *Brooklyn Heights Press* schrieb: „Mme. Georges, gespielt von Lotte Curtius, hat die Szenen, in denen sie erschien, an sich gerissen und belebt. Sie hat das Ganze unermesslich bereichert und war der Liebling des Publikums wie dieses Rezensenten."[108] Charlotte Charlaque hielt derweil fest, das Leben im Alter sei kein „Kinderspiel" und sie sei es leid, auf Einladungen von Freunden und Bekannten zu warten, um einmal in den Genuss einer richtigen Mahlzeit zu kommen. Sie selbst habe aber auch noch nie acht Stunden am Tag gearbeitet und wusste sich deshalb keinen anderen Rat. Um 1961 – just um die Zeit, als ihre frühere

Lebensgefährtin Toni Ebel in Berlin verstarb – erlitt sie zwei Herzinfarkte und zog daraufhin in das Hotel Pierrepont unter der Anschrift 55 Pierrepont Street in Brooklyn. Das Zimmer und Charlotte Charlaques Rechnungen wurden von der Armenfürsorge bezahlt.

Als Charlotte Charlaque hier am 6. Februar 1963 im Alter von siebzig Jahren starb, war sie völlig verarmt, galt aber als ungekrönte „Königin" der Uferpromenade von Brooklyn Heights. Zu ihren Freunden und Freundinnen in der letzten Zeit gehörte das Ehepaar Gannet und Ellis Herwig. Gannet Herwig (1896–1966) war Architekt, seine Frau Fotografin. Die zwei kannten aber nicht einmal das genaue Alter oder den richtigen Namen Charlotte Charlaques, nannten sie nur Lotte und wussten über ihren Lebensweg allenfalls in Ansätzen Bescheid. Folglich rankten sich etliche Gerüchte, Fantasien und Rätsel um Charlaque. In einem Nachruf von Richard Rustin in der *Brooklyn Heights Press* hieß es, Charlotte Charlaque („Charlotte Curtis") sei immer makellos gekleidet gewesen.[109] Meist trug sie Lila, wenn sie durch die Nachbarschaft spazierte – eine Farbe, die in der Weimarer Republik mit der „schwul-lesbischen" Subkultur in Verbindung gebracht wurde. Man denke nur an das Magnus Hirschfeld gewidmete „Lila Lied" von 1920, in dem es heißt: „Wir sind nun einmal anders als die Andern, die nur

Abb. 19: Die Brooklyn Heights Promenade
mit der Skyline von Manhattan im Hintergrund.
Foto von Acroterion, undatiert

im Gleichschritt der Moral geliebt [...], wir lieben nur die lila Nacht, die schwül ist, weil wir ja anders als die Andern sind."[110]

Richard Rustin schrieb, überhaupt habe Charlotte Charlaque Farbe in so viele Leben gebracht. Selbst die Mitarbeiter und Mitarbeiterinnen der Armenfürsorge hätten sie zu ihrem Liebling erkoren. Charlaque konnte ungeniert fremde Menschen auf der Straße ansprechen und in tiefsinnige Gespräche verwickeln. Mit ihrer jugendlichen Stimme habe sie über Musik, die Oper, das Theater, das Leben und Sex gesprochen. Ein Hauch von Europa habe sie umgeben, und erst spät in ihrem Leben sei ihre Welt auf die Straßen Brooklyns geschrumpft. Auf der Brooklyn Heights Promenade habe sie „Hof gehalten".[111]

Manches von dem, was Charlotte Charlaque dabei von sich erzählte, war wohl übertrieben und ihrem Erfindungsreichtum und ihrer Fantasie geschuldet. So hieß es nach Charlaques Tod, sie sei einst als Tochter eines deutschen Konsuls in San Francisco geboren worden. Nach dem verheerenden Erdbeben von 1906 sei sie mit ihrer Familie nach Europa zurückgekehrt. Später, in der Tschechoslowakei, habe sie sechs Jahre im Untergrund gelebt und gegen die Nazis gekämpft. Dabei habe sie für die Alliierten illegale Berichte über die sozialen Verhältnisse in den von den Deutschen besetzten Gebieten geschrieben. Erst nach dem Zweiten Weltkrieg sei sie dann mit ihrem Mann in die USA gekommen. Der sei nach der Scheidung nach Deutschland zurückgekehrt, wo er als Dirigent tätig wurde. Insgesamt sei Charlotte Charlaque drei Mal verheiratet gewesen, und die Musik und die Bühne seien immer ihre wahre Welt gewesen. Richard Strauss habe ihr Talent bewundert, und die Rolle im Ensemble mit Sarah Bernhardt habe sie sich durch eine kleine Lüge erschwindelt. Eine amerikanische Freundin behauptete über Charlotte Charlaques Taktik von damals: „Obwohl sie ein sehr schönes Deutsch und Englisch sprach, hatte sie Angst, dass ihr Französisch für die Rolle nicht gut genug sein könne. Aber sie gab sich als gebürtige Elsässerin aus und bekam den Job.“[112]

Für ihre Beerdigung hatte Charlotte Charlaque nicht vorgesorgt. Weil ein Armenbegräbnis drohte, organisierte die Zeitung *Brooklyn Heights Press* kurzfristig eine Spendenaktion, so dass am Ende doch noch genügend Geld für eine würdevolle Beisetzung zusammenkam. Am 15. Februar 1963 wurde in einem Bestattungsbüro in der Brooklyner Clinton Street eine Gedenkfeier für Charlotte Charlaque abgehalten, bei der William Glenesk (1926–2014), Pfarrer der Spencer Memorial Presbyterian Church, eine Ansprache hielt. Glenesk war seinerzeit nicht nur ein innovativer Geistlicher, der in seinen Gottesdiensten mit Schauspielern, Musikern und Tänzern – Männern wie Frauen – zusammenarbeitete. Er schuf dabei auch eine offene, inkludierende Atmosphäre für schwule Männer, lesbische Frauen und Angehörige anderer geschlechtlicher und sexueller Minderheiten, die sich heutzutage unter dem Kürzel LSBTIQ* versammeln. Gannet und Ellis Herwig luden ein paar Tage später die Trauergäste zu einer gesonderten Gedenkstunde mit Musik in ihr Heim am Garden Place ein. Richard Rustin schloss seinen Nachruf auf Charlotte Charlaque in der *Brooklyn Heights Press* mit den Worten: „Der Vorhang mag für die ‚Königin' gefallen sein, aber ihr Publikum hat sie nicht vergessen."[113]

Nachbemerkung

Auf den Namen Charlotte Charlaques bin ich im Zuge von Recherchen zum Umfeld des Berliner Instituts für Sexualwissenschaft 2014 erstmals gestoßen. Wenn ich hier sieben Jahre später versucht habe, ihre Lebensgeschichte zusammenhängend zu erzählen, ist dies aus der Beobachtung geschehen, dass sie selbst sich zu ihren Lebzeiten zwar hinter wechselnden Pseudonymen „versteckte", sich im Lauf der Zeit aber doch immer wieder der Öffentlichkeit stellte – nicht nur als Schauspielerin, sondern auch in Interviews, im Rahmen eines Aufklärungsfilms und in mindestens einer Veröffentlichung, in der sie über selbst bezeugte Fälle genitalchirurgischer Maßnahmen in Berlin um 1930 berichtete. Dass sie selbst zu den ersten heute bekannten Transfrauen der Welt gehörte, die das Recht in Anspruch nahmen, über sich und ihren Körper selbst zu entscheiden, verschwieg Charlotte Charlaque im Falle des *One*-Artikels von 1955. Aber um dieselbe Zeit bescheinigte sie ihrer „Wunschtochter" Christine Jorgensen Mut, als diese der Presse ihr „Geheimnis" anvertraute. Schließlich helfe sie so tausenden anderen.

Dieses Buch versucht zu beschreiben, was war, und es will aufzeigen, was möglich war. Es ist in aufrichtiger Anteilnahme an den schwierigen Entscheidungen eines Menschen geschrieben worden, der in widrigen Zeiten lebte, und im Respekt vor dem unbändigen Wunsch eben dieses Menschen, ein selbstbestimmtes Leben zu führen. Auch möchte es Mut machen – und Aufmerksamkeit und Empathie schärfen. Charlotte Charlaque war beseelt von einem Verlangen nach Freiheit und Selbstentfaltung, und sie schöpfte die Möglichkeiten aus, die sich ihr boten. Die Wege des Lebens sind unvorhersehbar. Als ich Ariadne Wolf, einer Großnichte Charlotte Charlaques in den USA, mit der ich im Rahmen meiner langjährigen Recherche in Kontakt kam, im Frühjahr 2020 mitteilte, ich wisse nun endlich, wann, wo und unter welchen Umständen Charlotte gestorben sei, erhielt ich die berührende Antwort: „Das ... ist unglaublich. Ich weine gerade ein wenig. Sie ist also nicht alt und allein und traurig gestorben, sie hatte Menschen um sich! Man erinnerte sich an sie, und sie wurde geliebt. Mir ist jetzt ganz warm ums Herz."

Anmerkungen

1 Im Folgenden verwende ich für Charlotte Charlaque in der Regel das weibliche Pronomen „sie“, um ihrem Selbstverständnis als Frau gerecht zu werden. Allerdings benutze ich in Einzelfällen, in denen es um die Fremdperspektive und Außenwahrnehmung Charlotte Charlaques insbesondere im familiären und beruflichen Kontext geht, gelegentlich auch das Pronomen „er“ oder entsprechende Formulierungen. Dies gilt ebenso für Charlotte Charlaques Freundinnen Toni Ebel und Dora Richter.

2 Vgl. Ahlstedt 1933a, S. 4. Diese und alle übrigen Übersetzungen aus dem Schwedischen, Dänischen und Englischen im Rahmen dieses Buch von mir, RW.

3 Vgl. Curtius 1955.

4 Kinsey Institute (Bloomington): Charlotte Charlaque („Carlotta von Curtius") an Harry Benjamin, 1.6.1956.

5 Vgl. Golte 1933.

6 Vgl. Ahlstedt 1933a, S. 5.

7 Vgl. Hirschfeld 1910. Den Begriff „Transvestit“ verwende ich im Folgenden als historischen Begriff ohne Anführungszeichen.

8 Vgl. Holz 1924, S. 1.

9 Holz 1924, S. 29.

10 Zit. nach Meyerowitz 2002, S. 44.

11 Kinsey Institute (Bloomington): Charlotte Charlaque („Carlotta von Curtius") an Harry Benjamin, 1.6.1956.

12 Landesarchiv (Berlin), C Rep. 118-01, Nr. A 14093: Charlotte Charlaque an Toni Ebel, 24.6.1947, Blätter 11–17.

13 Zit. nach Rustin 1963, S. 3.

14 Det Kongelige Bibliotek (Kopenhagen): Charlotte Charlaque („Charlotte von Curtius") an George William und Florence Jorgensen, o.D. [1952/53].

15 Národní archiv (Prag), Bestand Polizeidirektion 1941–1951, Signatur Ch 97/4, Schachtel 4046: Handschriftliches Gesuch um Verlängerung ihres Reisepasses von Charlotta Scharlochová, 1.8.1939; Polizeilicher Personalfragebogen zur Anhaltung von Charlotte Charlaque („Angehalten zwecks Internierung"), 19.3.1942 (Rückseite).

16 Die Angaben zu den Mitgliedern der Familie Scharlach und ihren Lebenswegen in den USA stammen vornehmlich von Andrew E. Scharlach, einem Neffen Charlotte Charlaques, der intensive Studien zur Familiengeschichte betrieben hat.

17 So lautet es in der Familienerzählung, die Andrew E. Scharlach dokumentiert hat.

18 Hierzu und im Folgenden: Ancestry.com: Application for registration, Erklärung Jenny Scharlachs, 13.4.1917.

19 Ancestry.com: Affidavit to explain protracted foreign residence and to overcome presumption of expatriation, Erklärung Jenny Scharlachs, 13.4.1917.

20 Wenn hier von einer Ausbildung zum „Violinisten" und nicht zur „Violinistin" die Rede ist, soll betont werden, dass sich Charlotte Charlaque im Zug ihrer Ausbildung in ganz besonderem Maß mit Normvorstellungen über Männlichkeit und ebensolchen Erwartungshaltungen konfrontiert gesehen haben dürfte.

21 Det Kongelige Bibliotek (Kopenhagen): Conversation with Charlotte von Curtis, 12.10.1955. Die Identität Lampertas hat sich bisher nicht ermitteln lassen.

22 Národní archiv (Prag), Bestand Polizeidirektion 1941–1951, Signatur Ch 97/4, Schachtel 4046: Polizeilicher Personal-

fragebogen zur Anhaltung von Charlotte Charlaque („Angehalten zwecks Internierung"), 19.3.1942 (Rückseite).

23 Vgl. Ahlstedt 1933a, S. 5.

24 Det Kongelige Bibliotek (Kopenhagen): Conversation with Charlotte von Curtis, 12.10.1955.

25 Vgl. Rustin 1963, S. 1.

26 Det Kongelige Bibliotek (Kopenhagen): Conversation with Charlotte von Curtis, 12.10.1955.

27 Vgl. Herrn 2005, S. 63.

28 Vgl. Herrn 2005, S. 140.

29 Det Kongelige Bibliotek (Kopenhagen): Charlotte Charlaque („Charlotte von Curtius") an George William und Florence Jorgensen, o. D. [1952/53].

30 Det Kongelige Bibliotek (Kopenhagen): Charlotte Charlaque („Charlotte von Curtius") an George William und Florence Jorgensen, o. D. [1952/53].

31 Det Kongelige Bibliotek (Kopenhagen): Conversation with Charlotte von Curtis, 12.10.1955.

32 Vgl. Meyerowitz 2002, S. 30. Meyerowitz verwendet für Charlotte Charlaque hier das Pseudonym „Carla van Crist".

33 Meyerowitz 2002, S. 30.

34 Det Kongelige Bibliotek (Kopenhagen): Conversation with Charlotte von Curtis, 12.10.1955.

35 Levy-Lenz 1953, S. 204.

36 Levy-Lenz 1953, S. 205.

37 Vgl. Curtius 1955, S. 28.

38 Levy-Lenz 1953, S. 202.

39 Vgl. Junghanns 1932.

40 Det Kongelige Bibliotek (Kopenhagen): Charlotte Charlaque („Charlotte von Curtius") an George William und Florence Jorgensen, o.D. [1952/53]. Vgl. Meyer 2015, S. 266.

41 Vgl. Ahlstedt 1933a, S. 12.

42 Vgl. Dittrich 2020, S. 22.

43 Archiv der Magnus-Hirschfeld-Gesellschaft (MHG): Interview mit Adelheid Schulz, 13.3.2001. Vgl. Baumgardt 2003, S. 8.

44 Levy-Lenz 1953, S. 203; Junghanns 1932. Nach Joanne Meyerowitz soll Charlotte Charlaque („Carla van Crist“) behauptet haben, operative Geschlechtsumwandlungen seien in Deutschland nach 1933 etwas „Alltägliches“ geworden. Doch lebte Charlaque ja ab dem Frühjahr 1934 nicht mehr in Deutschland. Vgl. Meyerowitz 2002, S. 48.

45 Abraham 1931, S. 225.

46 Abraham 1931, S. 226.

47 Vgl. Najac 1931.

48 Vgl. Ahlstedt 1933a, S. 4.

49 Vgl. Anonym 1933a.

50 Vgl. Meyer 2018, S. 20.

51 Vgl. Huelke 1949.

52 Vgl. Topp 1955.

53 Zit. nach Neckelmann 2019, S. 136.

54 Det Kongelige Bibliotek (Kopenhagen): Conversation with Charlotte von Curtis, 12.10.1955.

55 Vgl. Najac 1931, S. 184.

56 Vgl. Najac 1931, S. 182.

57 Vgl. Rhan 1932.

58 Anonym 1933a.

59 Det Kongelige Bibliotek (Kopenhagen): Charlotte Charlaque („Charlotte von Curtius“) an George William und Florence Jorgensen, o.D. [1952/53].

60 Ahlstedt 1933a, S. 5.

61 So etwa in: Mein Film. Illustrierte Film- und Kinorundschau 1933 (Jg. 8), Nr. 383, S. 16. Vgl. Anonym 1933b.

62 Hier und im Folgenden Golte 1933.

63 Landesarchiv (Berlin), C Rep. 118-01, Nr. A 14093: Handschriftliche Ergänzungen zum Fragebogen des Hauptausschusses Opfer des Faschismus durch Toni Ebel, Blatt 5.

64 Zu Toni Ebel und ihrem Lebensweg siehe auch Herrn 2005, S. 203–204.

65 Landesarchiv (Berlin), C Rep. 118-01, Nr. A 14093: Verfügung des Hauptamts Opfer des Faschismus, 23.3.1948, Blatt 21.

66 Vgl. Ahlstedt 1933a, S. 6.

67 Vgl. Rhan 1932.

68 Die Angaben zu Dora Richters Lebensweg stützen sich im Wesentlichen auf Holz 1924.

69 Vgl. Holz 1924, S. 6.

70 Holz 1924, S. 11.

71 Vgl. Najac 1931, S. 184.

72 Holz 1924, S. 27.

73 Archiv der Magnus-Hirschfeld-Gesellschaft (MHG): Interview mit Adelheid Schulz, 13.3.2001. Vgl. Baumgardt 2003, S. 8.

74 Ahlstedt 1933a, S. 8.

75 Ahlstedt 1933a, S. 9.

76 Ahlstedt 1933a, S. 11.

77 Zit. nach Ahlstedt 1933a, S. 13

78 Zu Hertha Haase siehe Berg 1930 und Herrn 2005, S. 139.

79 Kinsey Institute (Bloomington): Charlotte Charlaque („Carlotta von Curtius") an Harry Benjamin, 1.6.1956.

80 Vgl. Ahlstedt 1933b, S. 4. Das Portrait Ahlstedts erschien 1933 in zweifacher Form, als 20-seitige Broschüre und als Zeitungsartikel. Die Ausführungen über die gemeinschaftlichen „Gesangseinlagen" fehlen im Broschürentext.

81 Vgl. Ht 1956.

82 Landesarchiv (Berlin), C Rep. 118-01, Nr. A 14093: Charlotte Charlaque an Toni Ebel, 24.6.1947, Blätter 11–17. Fehler

bezüglich der Rechtschreibung und der Zeichensetzung wurden in diesem wie in anderen Zitaten aus deutschsprachigen Schriftstücken von Charlotte Charlaque und Toni Ebel stillschweigend korrigiert.

83 Vgl. Junghanns 1932. Das Interview Inga Junghanns' mit Charlotte Charlaque („Lola Montez") wurde in mehreren dänischen und norwegischen Zeitungen nachgedruckt, zum Teil ohne die Passage, die sich dezidiert den politischen Verhältnissen in Deutschland widmete.

84 Die Angaben zum Aufenthalt Charlotte Charlaques und Toni Ebels in der Tschechoslowakei stützten sich im Wesentlichen auf Angaben, die Magda Veselská für mich in Archiven in Prag und Brno recherchiert hat.

85 Curtius 1955, S. 27.

86 Moravský zemský archiv (Brno), Bestand B 40, Aktennummer 28675/1939, Schachtel 2264: Brief der Polizeidirektion Brünn an die Landesbehörde Brünn, 27.6.1938.

87 Kinsey Institute (Bloomington): Charlotte Charlaque („Carlotta von Curtius") an Harry Benjamin, 1.6.1956.

88 Vgl. Landesarchiv (Berlin), C Rep. 118-01, Nr. A 14093: Handschriftliche Ergänzungen zum Fragebogen des Hauptausschusses Opfer des Faschismus durch Toni Ebel, Blatt 6.

89 Vgl. Rustin 1963, S. 3.

90 Národní archiv (Prag), Bestand Polizeidirektion 1941–1951, Signatur Ch 97/4, Schachtel 4046: Handschriftliches Gesuch um Verlängerung ihres Reisepasses von Charlotta Scharlochová, 1.8.1939; Polizeilicher Personalfragebogen zur Anhaltung von Charlotte Charlaque („Angehalten zwecks Internierung"), 19.3.1942 (Rückseite).

91 Landesarchiv (Berlin), C Rep. 118-01, Nr. A 14093: Handschriftlicher Lebenslauf Toni Ebel, Blatt 44.

92 Vgl. Landesarchiv (Berlin), C Rep. 118-01, Nr. A 14093: Handschriftliche Ergänzungen zum Fragebogen des Hauptausschusses Opfer des Faschismus durch Toni Ebel, Blatt 7; Handschriftlicher Lebenslauf Toni Ebel, Blatt 44.

93 Landesarchiv (Berlin), C Rep. 118-01, Nr. A 14093: Handschriftlicher Lebenslauf Toni Ebel, Blatt 44.

94 Landesarchiv (Berlin), C Rep. 118-01, Nr. A 14093: Charlotte Charlaque an Toni Ebel, 18.10.1946, Blätter 39–40.

95 Památník národního písemnictví (Prag): Charlotte („Curtis") Charlaque an Olga Scheinpflugová, 19.2.1948.

96 Vgl. E. 1952; Kei 1958.

97 Landesarchiv (Berlin), C Rep. 118-01, Nr. A 14093: Charlotte Charlaque an Toni Ebel, 18.10.1946, Blätter 39–40.

98 Landesarchiv (Berlin), C Rep. 118-01, Nr. A 14093: Charlotte Charlaque an Toni Ebel, 18.10.1946, Blätter 39–40.

99 Landesarchiv (Berlin), C Rep. 118-01, Nr. A 14093: Charlotte Charlaque an Toni Ebel, 24.6.1947, Blätter 11–17.

100 Det Kongelige Bibliotek (Kopenhagen): Charlotte Charlaque („Charlotte von Curtius") an George William und Florence Jorgensen, o. D. [1952/53].

101 Det Kongelige Bibliotek (Kopenhagen): Charlotte Charlaque („Charlotte von Curtius") an Christine Jorgensen, 20.2.1953.

102 Det Kongelige Bibliotek (Kopenhagen): Conversation with Charlotte von Curtis, 12.10.1955.

103 Curtius 1955, S. 28.

104 Curtius 1955, S. 28.

105 Vgl. Meyerowitz 2002, S. 37.

106 Auch Annette F. Timm erwähnt Charlotte Charlaque in ihrer kürzlich erschienenen Darstellung transatlantischer „Trans-Netzwerke" der frühen Nachkriegszeit im Umfeld

von Louise Lawrence und Harry Benjamin nicht. Siehe Timm 2020.

107 Kinsey Institute (Bloomington): Charlotte Charlaque („Carlotta von Curtius“) an Harry Benjamin, 5.7.1956.

108 Zit. nach Rustin 1963, S. 3.

109 Auch wenn sich Charlotte Charlaque in den USA oft des Namens Charlotte Curtis bediente, darf sie nicht mit der gleichnamigen US-amerikanischen feministischen Reporterin und Kolumnistin Charlotte Curtis (1928–1987) von der *New York Times* verwechselt werden.

110 Vgl. Klein 1998.

111 Vgl. Rustin 1963.

112 Zit. nach Rustin 1963, S. 3.

113 Rustin 1963, S. 3.

Danksagung

Ohne die tatkräftige Unterstützung von Freunden, Bekannten, Kollegen und Mitarbeitern wissenschaftlicher wie öffentlicher Einrichtungen in Deutschland, Dänemark, Österreich, Tschechien und den USA wäre es nicht möglich gewesen, den wechselvollen Lebensweg Charlotte Charlaques in dieser Form darzustellen. Ich danke Esra Paul Afken (Berlin), Ulf Bollmann (Hamburg), Andreas Brunner (Wien), Ralf Dose (Berlin), Marianne Holm Pedersen (Kopenhagen), Gerhard Kleiber (Wiesbaden), Olov Kriström (Göteborg), Sabine Meyer (Berlin), Tomáš Pavlíček (Prag), Andrew E. Scharlach (Berkeley, Kalifornien), Magda Veselská (Prag), Shawn C. Wilson (Bloomington, Indiana) und Tobias Wung-Sung (Kopenhagen) für ihren Beistand und ihre Hilfe bei der Arbeit an diesem Buch.

Literaturverzeichnis

Abraham, Felix (1931): Genitalumwandlung an zwei männlichen Transvestiten, in: Zeitschrift für Sexualwissenschaft und Sexualpolitik (Jg. 18), Nr. 4, S. 223–226.

Adler, Reinhold (2006): „Das waren lauter Jüdinnen ...“. Das Internierungslager Liebenau im Zweiten Weltkrieg, in: Leben am See. Das Jahrbuch des Bodenseekreises (Bd. 23). Tettnang: Senn, S. 33–48.

Ahlstedt, Ragnar (1933a): Män som blivit kvinnor. Två fall av könsväxling på operativ väg. En studie av transvestitismens väsen. Tranås: Berg.

Ahlstedt, Ragnar (1933b): Män, som blivit kvinnor. Två intressanta fall av könsväxling på operativ väg. Några iakttagelser till belysning av transvestitismens väsen, in: Tranås Tidning, 28.10.1933, S. 1 und 4.

Anonym (1933a): Operative Umwandlung von Männern in Frauen gelungen. Die Erfahrungen aus drei Berliner Fällen, in: Die Geburtenregelung (Jg. 1), Nr. 4, S. 33.

Anonym (1933b): Medizinischer Film, in: Mein Film. Illustrierte Film- und Kinorundschau (Jg. 8), Nr. 375, S. 8.

Baumgardt, Manfred (2003): Kaffeerunde mit Adelheid Schulz, in: Schwule Geschichte. Zeitschrift für schwule Geschichtswerkstätten, Archive und Bibliotheken Nr. 7, S. 4–16.

Berg: Das Mädchen Herbert. Nur in Frauenkleidern glücklich, in: Berliner Morgenpost, 28.3.1930, S. 5.

Curtius, Carlotta Baronin von (1955): Reflections on the Christine Jorgenson Case, in: One. The Homosexual Magazine (Jg. 3), Nr. 3, S. 27–28.

Dittrich, Samson (2020): Gerd Katter (1910–1995). Trans-Mann, Patient und Lobbyist, in: Mitteilungen der Magnus-Hirschfeld-Gesellschaft Nr. 64, S. 18–25.

E., F. (1952): Das Portrait. Toni Ebel, in: Berliner Zeitung, 19.1.1952, S. 16.

Golte, Lothar (1933): Mysterium des Geschlechts. [Ein Sexual-Tonfilm unter Mitarbeit berühmter Ärzte wie Professor Voronoff, Hofrat Dr. Teilhaber und Hofrat Dr. Peham. Medizinische Aufnahmeleitung: Dr. Ludwig Chiavacci. Manuskript und Regie: Leo Golte.] Österreich, [63 Min.].

Herrn, Rainer (2005): Schnittmuster des Geschlechts. Transvestitismus und Transsexualität in der frühen Sexualwissenschaft (Beiträge zur Sexualforschung 85). Gießen: Psychosozial-Verlag.

Hirschfeld, Magnus (1910): Die Transvestiten. Eine Untersuchung über den erotischen Verkleidungstrieb. Berlin: Alfred Pulvermacher & Co.

Holz, Werner (1924): Kasuistischer Beitrag zum sogenannten Transvestitismus (erotischen Verkleidungstrieb) mit besonderer Berücksichtigung der Aetiologie dieser Erscheinung. Medizinische Dissertation vom 22.7.1924. Berlin: Friedrich-Wilhelms-Universität.

Ht (1956): Der Weg einer Künstlerin, in: Berliner Zeitung, 14.11.1956, S. 3.

Huelke, Hans-Heinrich (1949): Ein Transvestit (Der Fall Hinrich B.), in: Kriminalistik. Zeitschrift für die gesamte kriminalistische Wissenschaft und Praxis (Jg. 3), Nr. 7/8, S. 91–92.

Junghanns, Inga (1932): En Operation. Den skønne Lola Montez er blevet Kvinde efter at have levet hele sit Liv som Mand, in: Social-Demokraten for Randers og Omegn, 7.6.1932, S. 5.

Kei (1958): „Een Besuch bei Toni Ebel". „Sollnse schmiern wie se wolln, aba ick will'n Boom sehn un keen Strich!", in: Neue Zeit, 9.2.1958, S. 8.

Klein, Hans-Günter (1998): „Wir sind nun einmal anders als die Andern ...". Mischa Spolianskys „Lila Lied", in: Schwule Geschichte. Zeitschrift für schwule Geschichtswerkstätten, Archive und Bibliotheken Nr. 2, S. 3–4.

Levy-Lenz, Ludwig (1953): Erinnerungen eines Sexual-Arztes. Aus den Memoiren eines Sexologen (Bd. 2). Dischingen: Wadi-Verlagsbuchhandlung.

Meyer, Sabine (2015): „Wie Lili zu einem richtigen Mädchen wurde". Lili Elbe. Zur Konstruktion von Geschlecht und Identität zwischen Medialisierung, Regulierung und Subjektivierung. Bielefeld: transcript Verlag.

Meyer, Sabine (2018): Auf nach Casablanca? Lebensrealitäten transgeschlechtlicher Menschen zwischen 1945 und 1980 (Veröffentlichungen des Fachbereichs für die Belange von Lesben, Schwulen, Bisexuellen, trans- und intergeschlechtlichen Menschen (LSBTI), 37). Hrsg. von der Senatsverwaltung für Justiz, Verbraucherschutz und Antidiskriminierung / Landesstelle für Gleichbehandlung – gegen Diskriminierung (LADS). Berlin.

Meyerowitz, Joanne (2002): How Sex Changed. A History of Transsexuality in the United States. Cambridge und London: Harvard University Press.

Najac, Pierre (1931): L'Institut de la Science Sexuelle à Berlin, in: Merlet, Janine (Hrsg.): Vénus et Mercure. Paris: Editions de la Vie Moderne, S. 165–192.

Neckelmann, Harald. Hrsg. (2019): Die Geschichte von Lili Elbe. Ein Mensch wechselt sein Geschlecht. Berlin-Brandenburg: be.bra verlag.

Pretzel, Andreas [2012]: Vom Dorian Gray zum Eldorado. Historische Orte und schillernde Persönlichkeiten im Schöneberger Regenbogenkiez (MANEO-Kiezgeschichten, 1). Hrsg. von MANEO. Berlin: Selbstverlag.

Rhan, L. (1932): Gespräch mit einer Frau, die einmal ein Mann war, in: Das 12-Uhr-Blatt, 2.8.1932, [o. S.].

Rustin, Richard (1963): Death Ends Proud Reign of the Promenade's Queen, in: Brooklyn Heights Press, 14.2.1963, S. 1 und 3.

Součková, Alena, Radmila Štěpánková und Helena Hantáková. Red. (2009): Soupis překladu her českých autoru. Prag: Divadelní ústav.

Timm, Annette F. (2020): „I am so grateful to all you men of medicine". Trans Circles of Knowledge and Intimacy, in: Bakker, Alex, Rainer Herrn, Michael Thomas Taylor und Annette F. Timm: Others of My Kind. Transatlantic Transgender Histories. Calgary: University of Calgary Press, S. 71–131.

Topp, Michael (1955): „Hertha war einmal mein Mann“. Seltsamer Naturvorgang zerstörte eine glückliche Ehe. Für zwei ratlose Kinder wurde der Vater zur „Tante“. Ein ungewöhnlicher Prozess begann in Mannheim, in: Wochenend, 22.1.1955, S. 1 und 16.

Wolfert, Raimund (2015a): „Sage, Toni, denkt man so bei euch drüben?“ Auf den Spuren Curt Scharlachs alias Charlotte Charlaques, in: Lambda-Nachrichten (Jg. 37), Nr. 158, S. 38–41.

Wolfert, Raimund (2015b): Ragnar Ahlstedt und Felix Abraham, Zeugnisse einer Freundschaft, in: Mitteilungen der Magnus-Hirschfeld-Gesellschaft Nr. 52, S. 40–41.

Wolfert, Raimund (2015c): Curt Scharlach alias Charlotte Charlaque, eine biographische Skizze, in: Mitteilungen der Magnus-Hirschfeld-Gesellschaft Nr. 52, S. 42–46.

Quellen

Ancestry.com [online]: Diverse Dokumente zu den Familienverhältnissen Edmund, Jenny, Hans und Curt Scharlachs und ihren Reisen zwischen Europa und den USA (1917), zuletzt geprüft am 27.4.2020.

Archiv der Magnus-Hirschfeld-Gesellschaft (MHG), Berlin: Dose, Ralf, Rainer Herrn und Alexandra Ripa (Kamera): Transkript des Interviews mit Adelheid Schulz (13.3.2001); Personaldossiers Charlotte Charlaque, Toni Ebel und Dora Richter.

Kinsey Institute, Library & Special Collections, Bloomington/Indiana: Briefwechsel Carlotta von Curtius mit Harry Benjamin (April bis Juli 1956).

Det Kongelige Bibliotek (KB), Kopenhagen: Sammlung Christine Jorgensen (Utilg. 739), Briefwechsel mit Charlotte von Curtius und Notizen zu einem Gespräch mit Charlotte von Curtis (1952/53 bis Oktober 1955).

Landesarchiv (LAB), Berlin: C Rep. 118-01, Nr. A 14093 (Versorgungsakte Toni Ebel).

Moravský zemský archiv, Brno: Bestand B 40, Aktennummer 28675/1939, Schachtel 2264 (Toni Ebel); Bestand B 40, Aktennummer 23253/1939, Schachtel 2249 (Lola Scharlach).

Národní archiv, Prag: Bestand Polizeidirektion 1941–1951, Signatur Ch 97/4, Schachtel 4046 (Charlotte Charlaque); Polizeiregister, Bestand PŘ II – EO, Toni Ebel; Polizeiregister Bestand PŘ II – EO, František Bechyně und Ludmila Bechyňová.

Památník národního písemnictví, Literárního archivu, Prag: Nachlass Olga Scheinpflugová, Briefwechsel mit Charlotte Charlaque, Stanley Philipps und Lynn Gordon (1948).

Sammlung Andrew E. Scharlach (Berkeley/Kalifornien): Biographische Zusammenstellungen zu Curt Scharlach, Edmund Scharlach und Hans Scharlach.

Bildnachweise

Abb. 1: Archiv der Magnus-Hirschfeld-Gesellschaft, Berlin.

Abb. 2: Archiv der Magnus-Hirschfeld-Gesellschaft, Berlin.

Abb. 3: Archiv der Magnus-Hirschfeld-Gesellschaft, Berlin.

Abb. 4: Archiv der Magnus-Hirschfeld-Gesellschaft, Berlin.

Abb. 5: Archiv der Magnus-Hirschfeld-Gesellschaft, Berlin.

Abb. 6: Archiv der Magnus-Hirschfeld-Gesellschaft, Berlin.

Abb. 7: Archiv der Magnus-Hirschfeld-Gesellschaft, Berlin.

Abb. 8: Filmarchiv Austria, Wien.

Abb. 9: Filmarchiv Austria, Wien.

Abb. 10: Archiv der Magnus-Hirschfeld-Gesellschaft, Berlin.

Abb. 11: Foto von Ragnar Ahlstedt, 1933. Aus der Publikation: Ahlstedt, Ragnar (1933a): Män som blivit kvinnor. Två fall av könsväxling på operativ väg. En studie av transvestitismens väsen. Tranås: Berg.

Abb. 12: Foto von Ragnar Ahlstedt 1933. Aus der Publikation: Ahlstedt, Ragnar (1933a): Män som blivit kvinnor. Två fall av könsväxling på operativ väg. En studie av transvestitismens väsen. Tranås: Berg.

Abb. 13: Archiv der Magnus-Hirschfeld-Gesellschaft, Berlin.

Abb. 14: Národní archiv, Prag: Bestand Polizeidirektion 1941–1951, Signatur Ch 97/4, Schachtel 4046 (Charlotte Charlaque).

Abb. 15: Sammlung Raimund Wolfert.

Abb. 16: SLUB Dresden / Deutsche Fotothek / Unbekannter Fotograf.

Abb. 17: Foto von Tom Miller, New York.

Abb. 18: Foto von Maurice Seymour, New York.

Abb. 19: Foto von Acroterion, undatiert (CC BY-SA 4: https://creativecommons.org/licenses/by-sa/4.0/legalcode; URL: https://commons.wikimedia.org/wiki/File:Brooklyn Heights Promenade NY1.jpg).